SAINTS DE L'ÉPOQUE ROMAINE

SÉRIE 22

Nº 2239

Un certain nombre d'entre eux, jouissant du droit de citoyen romain,
avaient le privilège d'avoir la tête tranchée. (Page 22.)

SAINTS

DE

L'ÉPOQUE ROMAINE

PAR

J. GUILLEMIN

TOURS

MAISON ALFRED MAME ET FILS

PREMIER RÉCIT

LES SAINTES

> « Heureux les yeux qui voient ce que
> vous voyez. »

I

L'Empire romain était le chef et le maître incontesté
du monde civilisé ; sa puissance s'étendait jusqu'en Albion ;
la Méditerranée était *sa* mer, un lac latin, vivant, animé,
ensoleillé, sillonné en tous sens de bateaux marchands, de
bateaux de pêche, de navires de guerre. Depuis six cents
ans déjà, Marseille existait, serrée autour de son vieux
port naturel, dominée par son acropole ; Maseille était une
grande ville, en commerce constant avec l'Orient, dont elle
était la fille, et la Gaule, dont elle allait devenir la mère
spirituelle.

Nul ne prêta attention à une embarcation venue
d'Orient et que les flots jetèrent dans le désert de sel
entre les bouches du Rhône. Et pourtant cette barque,
semblable à des milliers d'autres, apportait dans ses flancs
la révolution la plus profonde, la force la plus irrésistible
que le monde dût jamais sentir. Il en descendit quelques
femmes voilées à l'orientale, quelques hommes dont le
type ne fit pas sensation : les Juifs peuplaient déjà les
les ports de la Méditerranée. Ceux-là se nommaient Lazare,
Marthe, Marie-Madeleine, Trophime, Maximin, Marie-
Salomé, Marcelle, Sidoine.

Lazare fut l'ami de Jésus ; il était tombé malade, il était
mort ; le Christ avait pleuré sur lui ; puis, à son appel, le

mort était sorti vivant du tombeau. Marthe, sœur de Lazare, avait reçu le Maître dans sa maison, elle l'avait servi, elle avait eu recours à lui dans sa douleur.

Marie-Madeleine, riche et belle, n'avait fait servir sa richesse et sa beauté qu'à des plaisirs coupables, jusqu'au jour où la parole du Sauveur avait frappé son oreille ; alors, abandonnant ses compagnons de plaisir, elle n'avait plus vécu que pour Jésus. Trois fois l'Évangile nous en parle : il nous la montre baignant de ses larmes les pieds de Jésus et les essuyant avec son admirable chevelure ; quelques jours avant la Passion, nous la voyons répandre sur la tête du Christ un parfum précieux qu'elle conservait dans un vase d'albâtre ; et de même que la première fois le Maître lui avait dit : « Va en paix, » il la loue de cette nouvelle action, figure de l'embaumement de Jésus. Sœur de Marthe et de Lazare, elle avait avec eux reçu le Maître en sa maison ; mais, tandis que Marthe, active et empressée, s'occupait du repas et du bien-être de son hôte, Marie-Madeleine, assise immobile aux pieds de Jésus, buvait avec ardeur la parole divine, se pénétrait de sa doctrine si différente de la loi de Moïse ; et Jésus avait dit d'elle : « Marie a choisi la meilleure part ; elle ne lui sera point enlevée. »

Lorsque Celui qui venait pour sauver le monde gravissait le Calvaire, écrasé sous le poids de la croix et l'ingratitude humaine, Marie-Madeleine montait le Calvaire avec lui. Lorsque les bourreaux avaient cloué leur victime au gibet infâme, Marie-Madeleine était là, l'âme déchirée par la souffrance. Lorsque amis et ennemis, disciples et calomniateurs eurent abandonné l'Homme-Dieu sanglant, torturé par la soif, délaissé de son père, et des anges qui l'avaient encore secouru la veille au mont des Oliviers, Marie-Madeleine était là, avec la Vierge et saint Jean, plus courageuse que les apôtres éperdus. Elle était là quand retentit le cri de mort : « Tout est consommé ! » Elle était là quand le corps sans vie fut descendu de la croix, enveloppé hâtivement dans le suaire et déposé dans un sépulcre neuf... Tant de courage, tant de fidélité devaient avoir une récompense inouïe.

Dès l'aurore du dimanche, Marie-Madeleine, Marie-Jacobé, et Marie-Salomé se dirigent en hâte vers le sépulcre, portant des aromates et des parfums pour embaumer le corps du Maître... Quoi! le sépulcre est ouvert et le tombeau est vide! Qui donc a dérobé le corps? Où l'a-t-on mis? Les amies fidèles du Christ s'abandonnent au désespoir. Soudain, deux anges vêtus d'une robe éclatante leur apparaissent et leur disent : « Pourquoi cherchez-vous parmi les morts celui qui est vivant? Il n'est plus ici, il est ressuscité! » Affolées, les saintes femmes redescendent à Jérusalem. Marie-Madeleine est restée seule auprès du sépulcre, figée dans un désespoir sans nom, ne comprenant pas la parole de l'ange.

Depuis dix-neuf cents ans que de génération en génération les chrétiens se transmettent l'histoire merveilleuse entre toutes, elle nous paraît toute simple, et nous ne comprenons pas que Marie-Madeleine n'ait pas compris. Mais réfléchissez que jamais pareil fait n'était arrivé, et que jamais plus il n'arrivera.

Madeleine ne comprenait pas et pleurait au bord d'un tombeau vide; et, se penchant sur l'ouverture, elle vit deux anges qui lui dirent : « Pourquoi pleures-tu? » Et elle, qui ne comprenait pas encore, dit en pleurant : « Parce qu'ils ont enlevé mon Seigneur et que je ne sais où ils l'ont mis. » Puis, se retournant, elle voit Jésus debout; mais elle ne le reconnaît pas; il semble qu'un voile soit sur ses yeux; elle le prend pour le jardinier, et lui demande avec supplications où est le corps. Jésus la regarde : « Marie! » Jésus plonge ses yeux dans les yeux de Marie-Madeleine... « Maître! »

Elle comprend enfin et se précipite aux pieds du Christ ressuscité. Mais lui, doucement : « Ne me touche pas. » Et à Madeleine éperdue de bonheur, il donne la glorieuse mission d'annoncer la Résurrection à ses apôtres.

Après cette scène inoubliable, l'Évangile ne parle plus de Marie-Madeleine. Elle appartient à la tradition, c'est-à-dire à la parole qui n'a pas été écrite, mais qui s'est transmise fidèlement d'âge en âge.

Tel était le passé des principaux héros de cette histoire.

II

Nous nous figurons facilement ce que fut la vie de Madeleine, de Marthe et de Lazare quand le Christ fut remonté triomphant au ciel. Les adeptes de la nouvelle religion furent harcelés, traqués, emprisonnés, et bientôt plusieurs d'entre eux versèrent leur sang pour la foi.

Alors, un certain nombre de fidèles, fuyant la persécution, quittèrent la Judée et partirent annoncer la bonne nouvelle à l'étranger. Mais sachez bien ceci : les apôtres, les disciples, les saintes femmes, étaient juifs, et nombre d'entre eux, par exemple saint Pierre, estimaient que la religion du Christ ne s'adressait qu'aux Juifs répandus dans tout le monde romain. Il faudra l'ordre exprès de Dieu à saint Pierre, l'énergie de saint Paul, pour que l'Évangile soit prêché aux Gentils (c'est-à-dire aux étrangers) comme aux Juifs.

Lazare le ressuscité, Marthe, Madeleine la pécheresse repentante et leurs compagnons quittèrent-ils librement la Terre sainte, ou bien faut-il croire avec la tradition provençale qu'entassés dans une barque sans voiles, sans rames, sans gouvernail, jouets des flots et des vents, mais guidés miraculeusement par un ange, c'est en persécutés qu'ils abordèrent en Gaule et y semèrent le bon grain? Toujours est-il que la tradition s'accorde avec les travaux modernes pour faire des amis de Jésus nos premiers apôtres.

Écoutons maintenant le récit merveilleux, éblouissant comme le soleil du Midi, lumineux comme son ciel, harmonieux comme les flots qui déposèrent la barque sur la plage nue des Saintes-Maries.

Jetés par la tempête sur la rive aride qui s'étend entre les bouches du Rhône, les voyageurs, misérables, remontèrent les bords du fleuve jusqu'en Arles. Les provinces méridionales de la Gaule étaient alors couvertes de grandes et riches cités, ornées à profusion de ces monuments majestueux que les Romains construisaient partout où ils s'établissaient, et qui se dressent encore à Fréjus, Aix, Arles, Orange, et bien d'autres villes. Si Marseille était la porte de la Province romaine, Arles en était la capitale. Il est donc naturel de penser que les exilés se dirigèrent d'abord vers la métropole.

Déjà à cette époque, le peuple assoiffé de spectacles, était l'habitué du théâtre et surtout du cirque, et c'est là que le surprit le christianisme. A la vue des danses éhontées autour de la statue de Vénus, le vieux Trophime ne put retenir son indignation. Devant la statue de la déesse des plaisirs, il proclama le nom et l'œuvre du Christ. En dépit de sa misère et de ses haillons, la majesté de ce vieillard, qu'on voulait d'abord écharper, en imposa à la foule des Gallo-Romains. N'allons pas jusqu'à croire qu'en un seul jour Arles fut convertie et baptisée; mais Trophime s'y installa et y fit un apostolat fécond.

La renommée de ces hommes étranges qui allaient de préférence vers les malheureux, enseignaient un Dieu si différent des dieux, cette renommée s'étendit rapidement aux alentours. Le Rhône était alors la grande voie de communication entre la Méditerranée et le centre de la Gaule; des villes innombrables s'élevaient sur ses deux rives et des flottes de légers bateaux se jouaient de ses rapides, de ses tourbillons, des caprices de ses eaux grises, montaient et descendaient le fleuve depuis Arles jusqu'à Lyon. En amont et non loin d'Arles se trouve Tarascon.

Les habitants de Tarascon vinrent un jour en suppliants. Ils racontèrent aux chrétiens qu'un monstre horrible, la

Tarasque, ravageait leur pays ; ils en firent une description propre à faire trembler les plus braves. « Rien ne lui résiste, disaient-ils. Elle a son antre dans une grotte au-dessus du Rhône, et se jette sur quiconque s'aventure dans ses parages ; nos pêcheurs et nos bateliers voient chaque jour leur nombre diminuer. Délivrez-nous, vous qui avez vu tant de merveilles ! » Leurs auditeurs frissonnaient d'épouvante. Mais tandis que les hommes se taisaient, Marthe se leva, et simplement : « J'irai là-bas, dit-elle, avec ma compagne Marcelle. »

Qu'était-ce au juste que cette Tarasque qui dépeuplait le pays ? Faut-il y voir simplement quelque chose comme la Bête du Gévaudan qui, dix-huit siècles plus tard, terrorisa les Cévennes ? Ou bien un de ces monstres, véritables composés de plusieurs animaux, que la nature, de loin en loin, laisse naître sur terre ? Les descriptions populaires disent : « La queue d'un dragon, des yeux rouges, des écailles, des dards, le mufle d'un lion, et six pieds pour mieux courir ! »

Marthe n'a pas peur. Tandis qu'elle marche droit au monstre, la foule se réfugie dans les pins, dans les rochers, et regarde de loin... Je ne sais si Tarascon possédait, comme Arles et Orange, un cirque pour les plaisirs populaires ; à coup sûr les Romains, avides de jeux sanguinaires, n'auraient rien imaginé de plus émouvant. Mais Dieu est là qui veille.

Marthe s'avance, asperge la Tarasque qui se tord et se débat, déjà vaincue ; puis, lui passant une mince laisse autour du cou, la mène vers le peuple éperdu. Les habitants délivrés acclament l'héroïne. « Qui es-tu, pour commander ainsi aux animaux les plus féroces ? » Déjà ils nomment Diane la chasseresse ou Minerve déesse de la sagesse. Mais Marthe, secouant la tête : « Je ne suis que l'humble servante de Jésus ; s'il a permis ce miracle, c'est afin que vous adoriez son nom. »

Et Marthe fut l'apôtre de Tarascon et d'Avignon, comme Trophime fut l'apôtre d'Arles.

Marthe s'avance, asperge la Tarasque qui se tord et se débat, déjà vaincue.

III

Cependant les compagnons de Jésus s'égaillèrent peu à peu sur la terre ensoleillée de Provence. La moisson était grande et les ouvriers peu nombreux. Néanmoins, chacun, sans se décourager, travailla dans son sillon.

Lorsque vous irez à Marseille, et que de la célèbre Cannebière vous aurez devant vous le vieux port avec sa forêt de mâts, regardez à votre gauche, vers ces quartiers bâtis au pied de Notre-Dame de la Garde. Vous verrez alors une église à nulle autre pareille; tellement que vous serez en droit de vous demander si c'est bien une église. C'est vraisemblablement le premier endroit où les saints mystères furent célébrés en Gaule. Des créneaux, des murs de citadelle, des cloches, mais ni clochers, ni flèches, ni tour, ni coupole; telle se présente l'église Saint-Victor. Sous l'église, une crypte, dans la crypte, un autel, un banc de pierre.

Sur l'autel, Lazare, ressuscité d'entre les morts, changeait le pain et le vin au corps et au sang de son Maître. Sur le banc de pierre, dominant ceux qui se pressaient pour entendre sa parole, il enseignait aux Marseillais Jésus rédempteur du monde.

Quels furent ceux à qui prêchait Lazare? Il est probable que, comme son divin Maître, il s'adressa surtout à des pêcheurs, à des artisans, à des esclaves. Dans la cohue bruyante qui formait déjà à cette époque la population cosmopolite de Marseille, sur les quais où séchaient les filets, où l'on jetait les paniers de poissons, au milieu de ces fils de Grecs, de Gaulois, de Phéniciens, de Romains, d'Ibères, de Juifs, dans cette Babel où se parlaient toutes les langues, où se coudoyaient toutes les civilisations et toutes les barbaries, dans la foule grouillante sous l'ardent soleil de Provence, entre les collines couvertes d'oliviers pâles et la mer d'un bleu intense, représentez-vous

Lazare, celui qui fut un riche Juif, gardant sur son visage quelque chose du mystère de ce tombeau où il était resté quatre jours; imaginez-le se glissant au milieu de la multitude, parlant à l'un, réconfortant l'autre, disant le *mot* qui vous frappe, se dirigeant vers la crypte sainte où il calme les douleurs et raconte la Passion du Christ, grimpé sur ce banc de pierre, humble chaire du premier évêque de Marseille; puis distribuant à ses adeptes le pain et le vin qui sont la nourriture de l'âme.

Jésus avait dit de Marie-Madeleine : « Elle a choisi la meilleure part qui ne lui sera point enlevée, » lorsque la pécheresse repentante, assise à ses genoux, s'abîmait dans la contemplation de son Sauveur.

Marie-Madeleine devait passer sa longue vie à pleurer les fautes que le Christ lui avait pardonnées, et à adorer dans la solitude Celui que, la première, elle avait vu ressuscité. Le tumulte de la grande ville ne lui convenait pas. Aussi se sépara-t-elle bientôt de ses compagnons et s'enfonça vers les montagnes qu'on appelle encore aujourd'hui la Sainte-Baume.

Baume est un vieux mot, gaulois peut-être, qui signifie grotte, excavation, et que l'on retrouve dans tout le sud-est et jusque dans le Jura sous les formes de baume, balme, balmette et baumette. La Sainte-Baume est donc la sainte grotte. Elle est creusée au flanc d'une montagne abrupte, dans un décor sévère, au milieu de la solitude. Trente ans durant, Marie-Madeleine y vécut. Un seul recoin de la grotte restait sec; c'est là, dit la tradition, que la pénitente priait et pleurait.

Mais Dieu qui avait éclairé cette âme pécheresse, qui d'un mot l'avait appelée à lui, qui lui avait donné les preuves de la plus sainte amitié, Dieu n'abandonna pas dans la solitude l'austère pénitente. Elle pleurait, Dieu la consolait... En dehors de la grotte, sur la saillie la plus haute de la montagne, est un lieu qu'on nomme le Saint-Pilon. C'est là que, chaque jour, ravie dans l'extase la plus sublime, Madeleine, enlevée et soutenue par les anges, contemplait et entendait ce qu'il n'est permis à nul homme de contempler et d'entendre.

Une gracieuse légende donne ses larmes comme source de l'Huveaune qui arrose et fertilise la région, de même que le repentir de Madeleine féconda à jamais le bon grain semé dans l'âme provençale.

Puis la solitaire, sentant que sa fin était proche et que la récompense éternelle ne tarderait plus, voulut une dernière fois recevoir le corps et le sang du Christ.

Maximin, appelé comme Madeleine à la vie solitaire, s'était retiré dans la plaine, non loin à vol d'oiseau de la Sainte-Baume. Mais les chemins étaient durs, abrupts, à travers le désert et la montagne. Madeleine n'eut pas à faire ce long et pénible trajet. Une pieuse tradition rapporte que les anges enlevèrent dans leurs bras celle qui était déjà plus du ciel que de la terre, et la déposèrent près de la voie romaine d'Aurélien, à proximité de l'ermitage de Maximin; les deux saints se rencontrèrent une dernière fois; Maximin donna à Madeleine le viatique pour son dernier pèlerinage; l'amie de Jésus communia et s'endormit en paix.

Maximin l'ensevelit dans un sépulcre d'albâtre, en souvenir du vase d'albâtre où elle gardait le parfum qu'elle versa sur la tête de Jésus. Il prépara sa propre tombe au même lieu. Les deux sarcophages y sont encore, dans la basilique de Saint Maximin. Sidoine, l'aveugle-né, guéri par la main du Christ, et premier évêque d'Aix, y est également enseveli.

Les Marseillais ne devaient pas conserver le corps de leur apôtre; à la suite d'événements peu connus, celui que Jésus avait ressuscité fut transporté à Autun; une cathédrale splendide y fut élevée pour lui, et Lazare, enveloppé dans un suaire de soie brodée d'inscriptions arabes, y est vénéré depuis le XIᵉ siècle.

La tradition parle peu de Marie-Jacobé, de Marie-Salomé et de leur servante Sarah. Elles restèrent où la mer les avait jetées et y furent ensevelies. Leur tombeau devint rapidement un lieu de pèlerinage ; une des plus curieuses églises romanes du Midi de la France s'éleva en ce lieu, appelé les Saintes-Maries-de-la-Mer. Les châsses des pieuses femmes y sont conservées et exposées à la dévotion des fidèles.

On ne sait pourquoi Sarah, la servante de couleur, est devenue la patronne du mystérieux peuple des Bohémiens ; ceux-ci viennent chaque année célébrer le culte de l'humble sainte. Ils se réunissent de nuit dans la crypte près de la châsse. L'église leur est fermée, mais la crypte leur appartient.

Qu'y font-ils ? Qu'y chantent-ils ? Quels mystères y célèbrent-ils ? Nul ne le sait, car nul n'assiste à la cérémonie. C'est un secret entre eux et Dieu.

L'ÉGLISE DE LYON

> « Une ville placée sur une montagne
> ne peut pas être cachée. »

I

La semence chrétienne était clairsemée en Provence. Il semble que les voyageurs jetés par la tempête sur la plage des Saintes-Maries n'aient pas eu de disciples capables de fortifier et d'accroître immédiatement leur œuvre. Mais Dieu est patient; le temps ne compte pas pour Lui, parce qu'il a l'éternité. Le grain semé par Lazare et ses compagnons resta enfoui, comme ces œufs d'insectes qui restent des années en terre puis se développent brusquement.

Les deux rives du Rhône étaient garnies de villes commerçantes : Arles, Tarascon, Avignon, Orange... Bien plus au nord était Vienne : dans une situation admirable, étagée sur des collines descendant jusqu'au Rhône, dominée au loin par les Alpes et leurs neiges éternelles, largement ouverte du côté du fleuve, Vienne était profondément païenne; on l'eût bien étonnée en lui révélant que quelques chrétiens, probablement des bateliers, pratiquaient en secret cette religion qui s'étendait en Orient, et que persécutaient par accès les empereurs romains. Et au nord de Vienne s'élevait une autre ville, destinée à la plus haute fortune : Lugdunum, bâtie sur des collines comme son nom l'indique : le mot *dune* est gaulois et signifie colline; toutes les fois que vous trouverez *dunum*, *dune* ou *dun* dans le nom d'une localité, soyez convaincus qu'elle est sur une hauteur. Lugdunum, c'est Lyon, construite au confluent du Rhône et de la Saône, point de rencontre du Midi vers lequel coule le Rhône, et du Nord où les sources de la Saône ne sont éloignées ni de la Seine ni du Rhin. A Lyon, des chrétiens vivaient éparpillés, sans organisation, sans évêque; mais il y avait parmi eux des gens instruits, d'origine grecque ou même asiatique, occupant des situations élevées.

Devenant chaque jour plus nombreux, ils demandèrent à l'évêque de Smyrne de leur envoyer des prêtres. Cet évêque s'appelait Polycarpe; ce nom vous semble probablement ridicule; n'en souriez point : Polycarpe, disciple de saint Jean lui-même, gouverna avec sagesse et fermeté une importante église dans des temps difficiles, et couronna par le martyre une vie de labeur. Il fit droit à la requête des Lyonnais, et prévoyant peut-être la gloire réservée à la nouvelle communauté, lui envoya Pothin, saint vieillard de soixante-dix ans, et Irénée, le savant et ardent docteur de l'Église.

Pothin et Irénée organisèrent fortement la petite communauté lyonnaise qui les avait appelés.

Il ne faut pas vous imaginer une chrétienté du IIᵉ siècle comme une paroisse ou un diocèse de notre temps. Ni églises, ni cloches pour appeler les fidèles, ni orgues ni chants religieux; les cérémonies du culte elles-mêmes ne ressemblaient guère à celles auxquelles vous assistez; point de riches ornements, de chasubles brodées, de processions solennelles. Je dirai plus : pas de crucifix! L'évêque était alors le chef, le berger d'un troupeau peu nombreux et constamment harcelé par la populace, décimé par la persécution; si vous le préférez, c'était un général d'armée : les prêtres étaient ses officiers. Pas d'églises : les chrétiens se cachaient pour célébrer leur culte; et de même que rien dans la rue ne distinguait leurs prêtres de n'importe quel passant païen, de même leurs lieux de prières et de réunion ne se distin-

guaient pas des autres habitations; c'était le plus souvent
la maison de quelque riche chrétien, à plusieurs issues,
dont quelque salle ou quelque souterrain servait d'église.
Là, on priait en commun, on écoutait les instructions
des prêtres, on confessait ses péchés; puis l'officiant,
après des prières auxquelles répondait *toute* l'assemblée,
consacrait le pain et le vin et le distribuait aux fidèles
Le chant liturgique n'apparaîtra que plus tard, avec
saint Ambroise; la pompe des cérémonies rituelles ne
pourra naître que quand le christianisme, vainqueur des
faux dieux, resplendira sur tout l'Empire. C'est donc dans
le plus grand secret que Pothin conduisait son petit troupeau de chrétiens; mais en même temps, vrai miracle,
il se livrait à un apostolat fécond; les conversions se
multipliaient.

Qu'étaient donc ces premiers chrétiens de Lyon? Si le
christianisme était, en somme, ignoré en Gaule, il triomphait en Orient et était assez vivant en Italie pour
occuper l'attention des empereurs. A Lyon, il y avait des
gens d'origine gauloise, devenus romains par la langue,
l'éducation, mais sujets de l'Empire; ceux qui exerçaient
ce qu'on appelle maintenant des professions libérales
(médecins, avocats, professeurs...) étaient souvent Grecs,
et les chrétiens n'étaient pas rares dans leur pays : ainsi
Attale de Pergame et Alexandre, médecin connu mais
dont nul ne soupçonnait la croyance; deux jeunes gens
de familles sénatoriales lyonnaises, Epipodius et Alexandre,
amis d'enfance; Sanctus de Vienne qui n'était pas encore
prêtre, la jeune grecque Bibliade; puis, dans les rangs
les plus humbles, l'esclave Blandine et Ponticus, enfant
de quatorze à quinze ans, probablement esclave affranchi,
à qui, durant la persécution, nous ne verrons ni patrons
ni parents et qui sera soutenu pendant son martyre par
l'esclave Blandine.

II

L'Église de Lyon grandissait donc, silencieuse et cachée, assez paisible. A cette époque où le monde païen connaissait l'existence du christianisme sans beaucoup se soucier généralement de ce qu'était cette nouvelle religion, il courait sur les chrétiens les bruits les plus extraordinaires et les plus absurdes ; on leur prêtait des mœurs et des pratiques les plus criminelles. Une des opinions les plus répandues, celle qui rencontrait le plus de crédules parce qu'elle était la plus épouvantable, était que les chrétiens se réunissaient secrètement pour de grands repas où l'on se nourrissait de chair humaine, et où l'on égorgeait des enfants pour les offrir en sacrifice.

Vous vous demandez comment on pouvait croire à de telles horreurs. Je suppose que certains païens curieux avaient réussi à connaître quelque chose des cérémonies chrétiennes, et fort mal compris ce qui s'y passait ; c'est ansi que la *Consécration,* c'est-à-dire le changement du pain et du vin au Corps et au Sang de Notre-Seigneur avait été pris pour un sacrifice humain, et la communion pour la consommation des chairs et du sang des victimes sacrifiées.

Les idées fausses prennent très vite racine ; semblables à ces oyats dont les longues et solides racines entre-croisées fixent les dunes de sable, elles sont très dures et très difficiles à extirper. En cette année 177 où les chrétiens étaient devenus trop nombreux à Lyon et à Vienne pour y rester ignorés, vous jugez du tumulte quand on s'aperçut de la présence et qu'on soupçonna le nombre des chrétiens, des *criminels,* dans les deux cités. Ils ne pouvaient plus se montrer dans les rues, dans les lieux publics, sans être immédiatement insultés, harcelés de mille manières ; leurs amis où leurs parents restés païens ne voulaient plus les reconnaître, leur refu-

saient l'entrée de leurs maisons; bientôt, des insultes,
on passa aux coups. La persécution n'était pas encore
déclarée, mais déjà la vie des chrétiens était menacée;
l'exercice de leur culte devenait chaque jour plus difficile
et plus périlleux. Les jours glorieux se levaient; Lyon,
comme Rome, allait connaître les affres horribles et les
joies surhumaines de la persécution et du martyre.

Les dénonciations arrivaient aux magistrats, de plus
en plus nombreuses; les chrétiens de Vienne et de Lyon,
arrêtés en masse, peuplaient les souterrains de Lugdunum, attendant le retour du gouverneur, alors absent,
pour être jugés. Au nombre de ces premiers confesseurs,
nous trouvons Sanctus, Maturus, Bibliade, Blandine et
sa maîtresse.

Il faut maintenant que je vous explique deux choses.
D'abord, qu'est-ce qu'un confesseur? Pour vous, c'est le
prêtre qui écoute la confession des péchés. Mais dans
le langage des missions et des persécutions, le confesseur
est celui qui *confesse,* qui proclame, sans craindre aucun
danger, qu'il est chrétien, et qu'il est prêt à mourir
plutôt que de renier Jésus-Christ. On appelle également
confesseur celui qui souffre pour la religion chrétienne,
mais sans en mourir; ceux qui meurent sont des martyrs.
Ainsi, tous les apôtres, sauf saint Jean, sont morts pour
Jésus : ce sont des martyrs. Saint Jean survécut aux
horribles tortures qui lui furent infligées : c'est un confesseur de la foi.

Ensuite, qu'étaient ces prisons où l'on entassait les
chrétiens? Généralement des souterrains où les accusés
étaient enchaînés et surveillés étroitement. Mais ils y
recevaient les visites de leurs amis, de leurs parents;
ils conversaient librement avec eux; les chefs, les prêtres,
donnaient des instructions, des enseignements, des ordres,
à ceux qui n'étaient pas inquiétés. C'est ainsi que les
principaux chrétiens emprisonnés rédigèrent une lettre
très importante au pape au sujet d'une grave hérésie, et
chargèrent saint Irénée de la porter à Rome. Mais ces

visites étaient, en même temps qu'une grande leçon de foi et de charité, un danger pour les chrétiens libres : elles les désignaient à leurs adversaires.

Quand le gouverneur de Lyon commença d'instruire le procès des chrétiens, ceux-ci virent bien vite qu'il n'y avait rien à espérer de lui, et attendirent le martyre avec un redoublement de ferveur. On préparait alors à Lyon une *chasse* ; c'est-à-dire qu'à l'occasion d'une fête, on devait lâcher dans le cirque des bêtes féroces auxquelles on offrait des hommes comme proie ; cette fois, la proie désignée d'avance, c'étaient des chrétiens !

Avant la célébration des jeux du cirque, le gouverneur, assis à son tribunal sur le forum, interrogea les prisonniers. On nommait *forum* la principale place publique de la ville ; nous en avons fait le mot *foire*. Représentez-vous donc le forum de Lyon comme un immense champ de foire entouré de monuments ; là grouille une foule hostile, avide de sang, d'émotions violentes, animée par une haine irraisonnée ; le gouverneur est assis sur un trône ; autour de lui, les soldats contiennent la foule, et ménagent un espace libre où s'étalent près des bourreaux d'atroces instruments de torture, destinés à faire fléchir le courage des accusés, un autel où les renégats sacrifieront aux idoles. Perdus, épars dans cette foule de païens bruyante et grossière, quelques chrétiens se sont glissés deci delà, jusqu'au premier rang : ils veulent entendre leurs frères proclamer le Christ ; ils veulent une fois encore apercevoir quelque visage aimé, ranimer leur courage au courage des persécutés, se préparer, eux aussi, à tout événement : qui sait si demain ce ne sera pas leur tour !

Voici que tout d'un coup un homme fend la foule et demande à présenter la défense des chrétiens. L'avocat Epagathus était bien connu à Lyon, mais nul ne le soupçonnait de christianisme. Lui confesse sa religion d'une voix forte, et aussitôt arrêté, d'avocat devient accusé. Hélas ! tous les chrétiens ne montrèrent pas le même courage; dix faiblirent sous la douleur quand on leur appliqua les instruments de torture, quand on évoqua pour eux le spectacle du cirque; dix chrétiens renièrent publiquement et sacrifièrent aux idoles! Parmi eux était Bibliade.

Représentez-vous le forum. La foule accueille avec des hurlements de joie chaque apostasie; les chrétiens qui ont déjà confessé leur foi oublient leurs souffrances et ne ressentent que la honte que leur infligent ces mauvais frères; ceux qui vont comparaître scrutent avec angoisse leur cœur et leur âme : si les uns se sentent fermes contre la torture, plusieurs, devant ces défaillances, craignent dé faiblir à leur tour et prient Dieu de leur envoyer sa grâce divine. Les fidèles cachés dans la foule attendent, éperdus, l'interrogatoire suivant. Le Christ comptera-t-il un confesseur de plus? Ou bien hélas! tremblant, affolé, l'accusé cédera-t-il à la terreur? Et les renégats, les apostats, les voyez-vous, mis à part, le rouge de la honte au visage, les yeux baissés, n'osant plus regarder leurs frères, accablés sous le poids de leur mensonge et de leur lâcheté, semblables à ceux qui s'entendront dire au jugement dernier : « Allez, maudits...; » tandis que les fidèles, les yeux extasiés dans leurs visages douloureux, goûtent déjà la parole sublime : « Ceux qui m'auront confessé sur la terre, je les confesserai dans le ciel! »

Voici le diacre Sanctus, de Vienne; nul tourment, nulle souffrance, nulle menace, n'a prise sur lui; insensible à la torture, il fait à toutes les questions la même réponse : « Je suis chrétien! » Tout est là pour lui : chrétien est son nom, sa qualité; accusé parce que chrétien, il a le christianisme pour patrie! Attale de Pergame proclame bien haut sa qualité de chrétien... Mais les frères tremblent de nouveau à la vue de celle qui leur succède : Blandine, humble esclave, délicate et maladive, est là avec sa maîtresse. Qui était cette dame lyonnaise qui avait peut-être instruit elle-même son esclave,

devenue son égale devant les juges et devant les bourreaux, comme elle l'était devant Dieu? On l'ignore; le
nom de l'esclave a traversé les siècles, celui de la maîtresse n'est connu que de Dieu. En les réunissant ainsi,
les persécuteurs ont donné là publiquement, sans s'en
douter, une grande leçon de morale chrétienne; tant
il est vrai que tout ce que l'homme tente contre Dieu
tourne à sa gloire!

Blandine est là, petite, mince, chétive, sous le regard
sévère du premier magistrat de la province, à côté des
bourreaux qu'elle a vus tourmenter ses frères. Alors un
miracle se produit. Ce corps maladif se montre plein
d'une force invincible; cette jeune fille frêle et délicate
défie toute torture; l'esclave courbée depuis sa naissance
dans une obéissance passive tient vaillamment tête à ceux
qui s'acharnent contre son corps et fouillent son esprit.
« Elle lassa ses bourreaux, » dit son historien.

Ah! Blandine était bien de la race qui devait plus tard
produire une humble bergère vaillante et fidèle à sa foi!
Blandine et Jeanne d'Arc sont sœurs!

Je vous ai dit que Bibliade, sous la torture, avait renié
le Christ. Cela ne suffisait pas aux magistrats : on voulait
en faire l'accusatrice des chrétiens. Alors, comme réveillée
d'une longue torpeur, elle se ressaisit; animée d'une force
nouvelle, elle renia son apostasie, se proclama chrétienne,
demanda à partager le supplice, la mort de ses coreli-
gionnaires.

Jésus avait dit : « Il y aura plus de joie parmi les
anges pour un seul pécheur qui fait pénitence que pour
quatre-vingt-dix-neuf justes qui n'ont pas besoin de pénitence. »

Voyez les anges attentifs, aux écoutes dans le ciel, suivant avec auxiété ce qui se passe dans la grande ville
gauloise. Lorsqu'un confesseur, brisé par la torture, suc-
combe à son retour en prison, ils cueillent doucement
cette pauvre âme si lasse et la mènent dans la gloire;
si un chrétien chancelle dans sa foi, ils se cachent le

visage. Ils chanteut un hymne de victoire quand la victime a vaincu le bourreau. Que sera-ce donc lorsque Bibliade, revenue à Dieu, relèvera le front et défendra sa religion? Quel concert céleste préludant aux joies éternelles !

Les arrestations de chrétiens se multipliaient; la terreur régnait à Lyon. Traqués de toutes parts, les fidèles fuyaient la ville; les uns cherchaient un asile aux environs; Epipodius et Alexandre se cachèrent dans un faubourg chez une pauvre veuve; d'autres, suivant le précepte du Christ lui-même : « Quand on vous persécutera dans une ville, fuyez dans une autre, » quittèrent le pays.

Les chrétiens cachaient soigneusement leur chef vénéré, l'évêque Pothin, âgé alors de quatre-vingt-dix ans. Hélas! il fut bientôt découvert. Pothin étant chez les chrétiens un personnage important, les magistrats accompagnèrent les soldats chargés de l'arrêter. La nouvelle se répandit comme une traînée de poudre dans la ville. Les Lyonnais, isolément, puis par groupes, puis en foule, sortirent curieusement de leurs demeures, se répandirent dans les rues, s'attroupèrent jusque sur le pas de la porte gardée par la milice. Les païens, railleurs, hostiles, se bousculaient pour voir et insulter le chef des chrétiens.

Et que virent-ils? Un petit vieillard brisé par l'âge et la maladie, si faible qu'il pouvait à peine se tenir debout. Une immense huée accueillit l'évêque que les soldats, honteux peut-être du métier qu'on leur faisait faire, durent porter jusqu'au forum. Mais devant le gouverneur qui allait le juger, Pothin, avec une énergie peu commune, reprit ses forces; debout, la tête haute, il attendit. Et en vérité, à l'aspect de ce vieillard presque centenaire, à la contenance si ferme et si noble, il semble que le Romain, ému de compassion, ait tenté de sauver sa victime. Il lui demanda simplement ce qu'était donc ce Dieu qu'il adorait. Mais Pothin, dédaigneux de la compassion qu'il inspire au gouverneur, ayant devant les yeux la vision de ses frères martyrisés par ce magistrat, répondit fièrement au païen : « Tu le connaîtras si tu en es digne ! »

Ordre fut donné de le conduire en prison. Cela ne faisait pas l'affaire de la populace, déçue dans son espoir d'une scène tragique, de tortures horribles infligées au vieillard. On voulait lui arracher sa proie ? Elle se jeta dessus : injures et coups pleuvaient sur l'évêque. Arrivé à demi mort en prison, il agonisa deux jours et rendit sa grande âme à Dieu. Les païens n'auraient pas la cruelle jouissance d'un évêque jeté en pâture aux bêtes fauves !

Le jour de la célébration des jeux arriva ; pour plusieurs, ce devait être le jour de la mort terrestre, et de la naissance à la vie éternelle. Suivant l'usage, ils prirent publiquement un dernier repas en commun, puis marchèrent vers l'amphithéâtre.

Figurez-vous un immense cirque de pierre ; tout autour, des gradins garnis de spectateurs avides d'émotions, des tribunes pour les principaux personnages et surtout le gouverneur ; au centre, l'arène dans laquelle on lâche des fauves soigneusement tenus à jeun, un poteau où Blandine fut étroitement garrottée, assez bas pour que les animaux, en se dressant le long du bois, pussent la déchirer. Maturus et Sanctus furent exposés sans armes au milieu du cirque. Assaillis par les lions, déchirés, sanglants, ils ne laissaient néanmoins échapper aucune plainte. La foule qui, par ses cris, ses gestes, dirigeait ces jeux horribles, réclama une autre distraction ; à moitié morts déjà, les martyrs furent soustraits aux bêtes, liés sur des chaises de fer au-dessus d'un brasier. Silencieux, ils regardaient Blandine, attachée au poteau comme le Christ à sa croix, qui récitait à hautes voix les prières chrétiennes... La foule capricieuse fit achever les deux martyrs à coups d'épée.

L'attention se fixa sur Blandine ; mais les lions repus se couchèrent à terre et refusèrent cette nouvelle victime qu'on ramena en prison, la réservant pour une autre fête.

Mais la vraie fête, la vraie réjouissance, vous ne vous doutez pas pour qui elle fut, où elle eut lieu? Dans les prisons où les chrétiens attendaient la mort! Les renégats du forum n'étaient pas encore libérés. Au récit de la mort de Maturus et de Sanctus, à la vue de Blandine épuisée, honteux de leur lâcheté, repentants, ils supplièrent les chrétiens de les absoudre, de les admettre de nouveau dans leur communion; ils fléchirent les confesseurs qui leur ouvrirent les bras. Et unis de nouveau à l'Église, les excommuniés d'hier réclamèrent à grands cris le martyre. Ils ne devaient pas attendre longtemps!

III

L'empereur Marc-Aurèle, consulté par le gouverneur de Lyon sur la conduite à tenir envers les chrétiens, avait été catégorique : faire périr impitoyablement ceux qui persisteraient dans la religion; libérer ceux qui renieraient; les citoyens romains seraient décapités; les autres, livrés aux bêtes. Néanmoins, Attale de Pergame, citoyen romain, se vit dépouillé de ses droits, on ne sait pourquoi.

Nous voici aux jours des grandes fêtes annuelles de Lyon. Il y avait de tout dans ces fêtes : combats de gladiateurs, concours de poésie, jeux burlesques. On y venait de toutes les provinces de Gaule, exactement comme maintenant on accourt de tous les points de France à la « foire de Lyon ».

Ceux d'entre vous qui ont vu une grande ville en fête arriveront donc à se figurer la physionomie de Lyon en ces premiers jours d'août 177. Mais cette année-là, la fête avait un attrait de plus (aujourd'hui, nous dirions une attraction). Comme intermède aux concours des poètes et des rhéteurs, on interrogerait de nouveau les chrétiens, on les torturerait, on ferait répéter aux renégats leur apostasie et leurs accusations contre leurs anciens frères... spectacles réjouissants! Il y avait foule au confluent de la Saône et du Rhône; sous le soleil qui faisait ruisseler les fronts, les rires ou les applaudissements accueillaient les vers que débitaient les poètes; on acclamait les vainqueurs; les vaincus, sous les huées, étaient obligés d'effacer avec leur langue les mauvais vers qu'ils avaient cru faire applaudir. L'air surchauffé s'élevait en frémissant; tout respirait la gaieté, l'insouciance, la joie de vivre, voluptueuse et sensuelle, de l'antiquité! Les chrétiens sont amenés en deux groupes, les renégats séparés de leurs frères. La foule abandonne ses anciens jeux pour ce nouveau spectacle. La curiosité est à son comble; on se bouscule pour mieux voir, pour mieux entendre. Quel contraste! cette fête burlesque et littéraire, cette population en liesse, pétrie de paganisme, les oreilles encore pleines des poésies et des discours célébrant des dieux pires que les mortels; et ces prisonniers épuisés par des semaines, des mois de prison, proclamant devant tous la religion du Christ, la loi d'amour, de pardon, la pénitence... Je crois entendre le silence qui se fait dans la multitude, stupéfaite de ce langage... Deux mondes se heurtent en ce lieu ou deux fleuves s'unissent.

Nul chrétien ne fléchit, cette fois; et plus d'un habitant des provinces éloignées des Gaules, venu à Lyon pour ses plaisirs ou ses affaires, s'en retourna plus grave en son pays, étonné de ce qui se passait en lui. Les accusateurs, déçus dans leur espoir de nouvelles apostasies, se retournèrent vers les renégats des premiers jours. Oh! comme ils furent tourmentés, interrogés, harcelés, torturés de mille manières, les malheureux! Mais la grâce divine était en eux; devant les autels préparés pour le sacrifice païen, au bruit des eaux impétueuses sous le ciel aveuglant d'août, ils confessèrent avec fermeté le Christ, Dieu fait homme pour le salut des pécheurs.

Une personnalité bien connue des Lyonnais suivait les

débats avec passion : c'était Alexandre le Phrygien,
médecin. Bientôt, la foule surexcitée remarqua les regards
ardents qu'il dirigeait sur les accusés, les gestes appro-
batifs dont il ponctuait les fières réponses des chrétiens.
Des murmures, des cris, signalèrent l'étrange tenue du
médecin, dont le peuple réclama à grand tapage l'interrogatoire immédiat. Le gouverneur céda, et Alexandre.
le Phrygien alla sur l'heure grossir la troupe des confesseurs.

Le procès des chrétiens, dont on attendait le résultat
avec une impatience fiévreuse, fut vite terminé; mais
près de la moitié des condamnés, épuisés par la torture
et la prison, étaient délivrés; dérobant ses saints aux
horreurs du cirque, le Dieu pour lequel ils mouraient
les avait déjà appelés près de Lui! Un certain nombre
d'entre eux, jouissant du droit de citoyen romain, avaient
le privilège d'avoir la tête tranchée hors des murs de
la ville. Nous retrouverons maintes fois cette distinction
entre *citoyens* et *sujets* romains.

Il restait donc pour les jeux du cirque le médecin
Alexandre le Phrygien, Attale de Pergame, l'esclave
Blandine et l'enfant Ponticus, qui n'avait pas quinze ans.
Alexandre et Attale devaient ouvrir les jeux; Blandine et
Ponticus, les clore après avoir assisté au supplice de
leurs frères; les Romains espéraient ainsi les effrayer,
les affaiblir, et par ce moyen obtenir d'eux une apostasie
d'autant plus éclatante qu'elle aurait été plus tardive.
En cela comme dans tout le reste, ils devaient être déçus.

Au premier jour des jeux, Alexandre et Attale exposés
aux bêtes féroces, avaient subi sans faiblesse leurs assauts
furieux; mais leurs bourreaux ne les laissèrent pas périr
sous la dent des lions, et c'est liés sur des chaises de fer
rougies au feu, les chairs lentement grillées par le contact horrible, que les deux Grecs moururent pour le
Christ, sous les yeux de Blandine et de Ponticus.

Nous sommes au jour de la fermeture des jeux; le
peuple, rassasié de spectacles, blasé sur la souffrance

d'autrui, s'écrase néanmoins à l'entrée du cirque : aujourd'hui, on verra périr ou renier une esclave petite et chétive, et un garçonnet sans famille. Quelle fête !

On introduit les deux victimes dans l'enceinte ; des milliers de regards hostiles ou moqueurs se dirigent sur les deux pauvres créatures perdues dans cette immensité, pâlies par les souffrances, mais transfigurées par l'attente du martyre et de la récompense suprême.

Un cri immense, un cri de haine bestiale, les accueille : « Jurez sur les dieux, hurle la foule, jurez ! »

Ponticus lève les yeux sur Blandine... Il se sent faible. Ah ! sans doute dit-il, comme ce petit martyr belge de 1914 que les Allemands fusillèrent froidement : « Je suis trop jeune pour mourir ! »

Pauvre enfant ! trop jeune aux yeux des hommes qui te proposent d'acheter ta vie terrestre au prix de ta vie céleste, mais non pas aux yeux du Christ... regarde-le qui te tend les bras... regarde les Anges qui déjà se forment en escorte d'honneur...

Ponticus lève ses regards sur Blandine. Désormais les bourreaux peuvent s'acharner sur son corps ; l'âme, insensible à la torture, se dégage bientôt de ses liens et s'élance vers les béatitudes célestes.

Blandine reste seule ; comme la mère des sept frères Machabées, elle a sans fléchir, assisté au supplice de tous les siens, les fortifiant et les encourageant par ses prières. Elle reste seule, et les Romains voient bientôt qu'il n'y a rien à espérer d'elle. Furieux de ne pouvoir venir à bout de cette esclave, ils usent sur elle tout ce qu'ils peuvent imaginer de plus atroce comme torture.

Blandine vivait toujours.

Alors, pour en finir, on l'enveloppa dans un filet et on lâcha sur elle un taureau exaspéré. L'animal, aiguillonné, se précipita sur cette masse informe, la jeta en l'air avec ses cornes, la piétina quand elle retomba, la lança de nouveau.

Le corps de Blandine vivait toujours, mais ses yeux

extasiés montraient que déjà son esprit était parmi les bienheureux... On l'acheva.

Les jeux étaient finis. Le peuple, repu de sang, se retira.

Sur la colline de l'Athenœum (aujourd'hui Ainay), les chrétiens citoyens romains avaient eu la tête tranchée.

Les Romains avaient noyé dans le sang l'Église naissante de Lyon ; ils refusèrent la sépulture à leurs victimes ; les restes des martyrs, entassés en un même lieu, furent brûlés et les cendres jetées au Rhône. Epipodius et Alexandre, trahis par un serviteur, furent arrêtés et décapités ; mais leurs corps, dérobés aux païens, furent enterrés secrètement.

L'Église de Lyon était morte ; le paganisme triomphait...

IV

L'homme s'agite et Dieu le mène ! La Gaule, éclaboussée du sang des martyrs de Lyon, avait reçu le baptême du sang ; elle allait vraiment naître au christianisme ! Marcel, Valérien, Bénigne, Andoche, Thyrse, chassés par la persécution, allaient évangéliser la Bourgogne ; et Irénée, envoyé à Rome par l'évêque Pothin, allait bientôt revenir à Lugdunum combattre le bon combat !

En 202, l'Église de Lyon était de nouveau prête à subir la suprême épreuve. Que se passa-t-il alors ? Les martyrologes disent brièvement : « Irénée périt lors de la persécution de Sévère. » Mais voici la splendide tradition recueillie par saint Jérome :

Apprenant que, dédaigneux de ses décrets, Irénée faisait fructifier son Église, l'empereur n'hésita pas à aller juger lui-même le redoutable rebelle. Deux collines dominent le confluent de la Saône et du Rhône. Sévère fit ériger une croix sur l'une, dresser la statue de Jupiter sur l'autre. Puis, assis sur son trône, entouré de la pompe impériale, il fit comparaître Irénée et les chrétiens.

« Choisis, dit l'empereur menaçant, *pour ton peuple et pour toi.* »

Irénée comprend la portée de ces paroles ; il sait qu'en marchant au supplice, il entraîne tous ses fidèles avec lui ; néanmoins, il n'hésite pas et se dirige vers la croix... vers le calvaire ! Et d'un seul mouvement tout son peuple s'élance à sa suite au martyre. Ah ! que ce geste est magnifique ! L'empereur, à ce spectacle, ne fera-t-il pas fléchir son humeur farouche ?

Non ! Voyez : les soldats se ruent sur les martyrs en masse ; épées et glaives se croisent comme des éclairs. « Le sang coula par torrents dans les rues, » dit un vieux chroniqueur.

Une fois encore, Jupiter triomphant voyait l'Église de Lyon s'effondrer à ses pieds. Mais le Christ n'abaissait pas ses regards vers la boue sanglante qui souillait le tribunal romain. Entouré du chœur des anges, de la multitude des martyrs et des confesseurs, Il accueillait dans la béatitude éternelle Irénée évêque et martyr, entouré de la glorieuse phalange qui l'avait suivi au combat suprême !

L'ÉGLISE DE BOURGOGNE

> « Vous serez conduits en présence
> des magistrats et des rois afin que
> vous me rendiez témoignage. »

I

Avez-vous vu, à la fin de l'été, s'épanouir dans les prés
ces colchiques mauve pâle à l'aspect mélancolique? Elles
offrent cette particularité de fleurir à quelque distance de
la racine natale.

Ainsi l'Église de Bourgogne. Fille de l'Église de Lyon,
elle dut son existence à la persécution qui dispersa ses
prêtres et dont le sang généreux allait vivifier la Gaule.
Elle fleurit, éloignée de sa tige maternelle, sur les bords
de la Saône, chez les Éduens, les Lingons, les Séquanes.

Fuyant l'édit de Marc-Aurèle, Valérien et Marcel avaient
secrètement quitté Lyon. Partis ensemble, les deux amis
jugèrent bientôt prudent de se séparer, pour passer plus
inaperçus. Il voyagèrent donc, l'un sur la rive droite,
l'autre sur la rive gauche de la Saône, se cachant le jour
et marchant la nuit. C'était en été; les riches campagnes
qui forment aujourd'hui le Lyonnais, le Beaujolais, le
Mâconnais, devaient être pleines de travailleurs : c'était
la saison des foins dans les pâturages des bords de la
Saône.

Valérien arriva sans trop de difficultés à Trinortium,
aujourd'hui Tournus, port d'une certaine importance sur
la rive droite de la Saône, à la jonction du pays vignoble

et herbager de Bourgogne et des grasses plaines de la Bresse. Valérien s'y arrêta et fut accueilli chez de pauvres gens. Retrouvons-nous là encore, comme premiers disciples et premiers protecteurs du Christianisme, d'humbles bateliers? C'est fort possible.

« L'esprit de Dieu était porté par les eaux, » dit la Genèse en parlant de la création. C'est encore sur les eaux que s'élance l'Esprit de Dieu à la conquête de la Gaule sa fille chérie !

Valérien, sans bruit, protégé par la pauvreté même de ses hôtes, put quelque temps faire œuvre d'apôtre. Mais sa carrière ne devait pas être longue : découvert, arrêté, jugé, décapité, il arrosa de son sang cette terre généreuse, qui avait nourri son corps et reçu de lui en échange le pain de l'âme.

Nous verrons, sept cents ans plus tard, jaillir du sol sur lequel sa tête tomba, une des plus belles abbayes bénédictines du monde clunisien : Saint-Philibert. Sous l'immense église est creusée une crypte où se trouve plusieurs chapelles et un puits, le puits de saint Valérien. C'est là que fut jeté le corps du martyr. Un autel s'élève sur le lieu du supplice.

Telle fut la mort du premier martyr de Bourgogne.

II

Marcel cheminait sur la rive bressane de la Saône, couverte de prés et de moissons. Plus heureux d'abord que Valérien, il put remonter jusqu'au pays des Séquanes. De ville en ville (car la Saône, comme le Rhône, était bordée de villes), il arriva en face de Chalon-sur-Saône. Le fleuve, à cet endroit, est large de trois cents mètres, profond et rapide, divisé en plusieurs bras. La rive gauche lui parut-elle peu sûre? Espérait-il se cacher plus facilement dans la ville construite sur la rive droite? Y avait-il

Marcel cheminait sur la rive bressane de la Saône.

quelque ami, quelque coreligionnaire qui pourrait l'abriter un temps? Il résolut de traverser la rivière, mais n'eut pas le temps de mettre son projet à exécution. Il se trouva mêlé à la foule qui escortait un magistrat romain en tournée. Quelques mots imprudents, quelque allure hésitante, le firent-ils remarquer?

Entouré, questionné, il fut arrêté, conduit au magistrat. Alors celui qui avait échappé à la persécution lyonnaise, qui s'était caché longtemps dans les haies et les bosquets de la Saône, qui fuyait vers un pays lointain, celui-là, rejetant toute crainte, proclama à haute voix le nom et la loi du Christ; la perspective du martyre en fit l'égal des héroïques Lyonnais. Entraîné hors de la ville, enterré vif jusqu'à mi-corps, il fut lapidé par une foule en délire. De la fosse où il reçut la mort, jaillit une source encore vive, image de la foi qui devait ruisseler sur toute la Bourgogne, et désaltérer en ce pays tant d'âmes simples.

A deux ou trois kilomètres de Chalon, à l'extrémité de la route qui traverse comme une digue le marais des Orlans, s'élève une vaste église à l'entrée d'un village : Saint-Marcel. Cette église, maintes fois reconstruite et restaurée, est tout ce qui reste d'une importante abbaye fondée au vi[e] siècle par le roi Gontran; et dans une chapelle de l'église est le puits de saint Marcel, martyr de Chalon. La source l'alimente toujours, mais l'eau dort, immobile au fond du puits, comme la foi au fond des cœurs dans ce pays trop riche.

III

Bénigne, Andoche, Thyrse, prêtres de l'église de Lyon, avaient pu quitter la ville sans être inquiétés. Unis dans l'exil comme dans l'apostolat, ils se dirigèrent par la rive droite de la Saône vers le pays des Eduens.

Les Eduens étaient jadis un puissant peuple gaulois en relations avec Rome; César avait trouvé chez eux un appui sérieux dans sa lutte contre Vercingétorix. Leur pays occupait le massif montagneux, couvert de forêts, entrecoupé d'étangs, dont les eaux se partagent entre la Seine, le Rhône et la Loire : c'est le Morvan. L'*oppidum* éduen de Bibracte, situé sur le mont Beuvray, était délaissé, et Auguste avait bâti de toutes pièces, à quelque vingt kilomètres de là, une ville importante : Augustodunum (Autun).

Lorsque, débouchant des forêts et des montagnes auxquelles s'adosse Augustodunum, les fugitifs virent s'étendre devant eux la ville qui se proclamait « émule et sœur de Rome », ils durent rendre grâce à Dieu qui leur offrait ce magnifique champ d'apostolat, et tout ensemble, se demander s'ils pourraient faire lever le bon grain sur ce terrain âpre, sec, dans cette cité opulente toute adonnée au plaisir, à la culture des lettres païennes et à la religion des pires déesses. Devant eux, la capitale éduenne, construite en gradins face à la plaine du nord, étalait sous le ciel d'été les temples d'Apollon, de Bérécynthe, de Diane; les célèbres écoles méniennes s'élevaient dans le voisinage de ces temples pour l'éducation de milliers d'étudiants; à droite des voyageurs, un théâtre immense, pouvant rivaliser avec le Colisée, puis le cirque. Des remparts hérissés de tours descendaient le long des collines jusqu'à la rivière dont les méandres capricieux se voyaient dans la plaine; des portes monumentales flanquées de corps de garde commandaient les quatre sorties, aux quatre points cardinaux. La ville débordait hors de son enceinte et formait le faubourg de Suburre : au delà de la rivière, un temple majestueux s'imposait aux regards; suivant l'usage romain, une vaste nécropole s'étendait dans la campagne le long de la voie de Besançon, où les tombes s'alignaient comme des maisons. Et derrière les voyageurs, à flanc de colline, adossée au bois sacré, une pyramide de trente mètres surgissait au milieu du Champ des Urnes, et dominait de toute sa hauteur la Rome gauloise.

Les chrétiens franchirent la porte impériale, la porte de Rome, toute recouverte de marbre, et pénétrèrent inaperçus dans la ville.

Autun connaissait-elle les chrétiens? Peut-être, mais comme une ville intellectuelle peut connaître une secte ou une école philosophique lointaine, sans grand intérêt, sans avenir. Tout, à Autun, protégeait le paganisme contre le Christ : point de mer bleue comme à Marseille, apportant les nouvelles des provinces éloignées; point de large fleuve comme à Lyon ou Chalon pour charrier les idées étrangères; Autun s'ouvrait au nord; du côté de l'orient et du midi, montagnes et forêts l'isolaient. Et cependant... n'oublions pas que la grande voie de Lyon à Boulogne passait par Autun; que les routes étaient sûres à cette époque; que de constants mouvements de troupes amenaient en Gaules des légions d'Orient et vice-versa; qu'Augustodunum était une ville riche, et que les habitudes d'élégance et de bien-être de ces émules de Rome, le raffinement de leur civilisation les mettaient en commerce constant avec l'Italie et le bassin oriental de la Méditerranée; que les écoles, enfin, entretenaient un mouvement intellectuel intense. N'oublions pas surtout que l'Esprit souffle où il veut, et qu'une imperceptible brise suffit à transporter la graine!

Une tradition sans fondement réel rapporte que près des temples d'Apollon et de Bérécynthe s'élevait la maison du riche sénateur provincial Faustus. Comment les trois apôtres échappés à la persécution lyonnaise connaissaient-ils le sénateur éduen? Nul ne le sait. Mais dans cette maison patricienne, riche et hospitalière, Bénigne, Andoche et Thyrse trouvèrent un asile près des vieillards Faustus et Augusta. On a dit que Faustus était secrètement chrétien, mais rien ne le prouve. Qu'il vous suffise de savoir, que dans cette grande ville bruyante, Bénigne et ses compagnons furent les hôtes d'un homme de haut rang, d'une noble dame romaine, et qu'ils baptisèrent leur fils, Symphorien, âgé alors de trois ans.

Un îlot chrétien avait surgi à Augustodunum, une frêle et discrète colchique fleurissait à l'ombre du temple d'Apollon. Mais cela ne suffisait ni aux apôtres ni aux convertis. Les trois Lyonnais avaient soif de porter l'évangile plus avant dans les Gaules; et Faustus désirait ardemment faire partager sa foi à sa sœur Léonilla.

Bénigne quitta donc Autun pour continuer son œuvre d'apostolat plus loin, toujours plus loin, sur cette terre encore rebelle réservée à de si hautes destinées. Après les collines d'Autun et ses vertes forêts, le plateau de Langres où Léonilla, terrain bien préparé pour faire fructifier le bon grain, le fit rendre au centuple. Puis l'infatigable laboureur d'âmes revint plus au sud, en un petit bourg fortifié au bord de l'Ouche : Divio, qui ne faisait en rien prévoir Dijon. Bénigne y prêcha.

Pendant ce temps, Faustus, facilitant l'œuvre de Thyrse et d'Andoche, et aidant ainsi à la diffusion du christianisme, les adressait à un marchand de Saulieu, Félix, qui pratiquait secrètement la nouvelle religion. Où Félix l'avait-il connue? Peut-être en quelque voyage d'affaire en Italie où en Orient; peut-être à Lyon. Félix reçut avec la joie et la discrétion que vous pouvez supposer les deux envoyés de Faustus. Il les logea, les écouta, près d'eux s'instruisit et se fortifia dans la foi. Un petit noyau chrétien se forma autour de ces trois hommes. Mais le paganisme veillait, les ordres de Marc-Aurèle avaient pénétré dans le bourg séquanais. Et bientôt, saint Andoche, saint Thyrse, saint Félix, les palmes du martyre à la main, pénétraient dans l'éternelle lumière.

IV

Bénigne restait seul de tous ceux que nous avons vus quitter Lyon par les bords de la Saône. L'infatigable missionnaire, après avoir fondé les communautés d'Autun, de Langres et de Dijon, ensemencé les rudes terres du Morvan, de la Côte et de la trouée de Langres, et préparé ainsi une magnifique moisson au Maître du champ, allait enfin recevoir, sa journée finie, le prix de ses travaux. Mais à cette âme ardente, à cet apôtre inlassable, l'épreuve suprême était réservée; frère des martyrs de Lyon, il ne pouvait pas ne pas être martyr. Son zèle, si soigneusement qu'il le cachât, devait le dénoncer.

Divio, ai-je dit, était une bourgade, une citadelle qui n'avait probablement ni jeux ni cirque. Le criminel, coupable d'avoir appris à ses frères à pardonner, à adorer le Christ et à mener une vie pure, ne pouvait donc pas être dans l'arène la pâture des lions. On le jeta aux chiens! On l'enferma dans sa prison avec ces bêtes affamées, sans moyen de défense. Les molosses se jetèrent sur lui, le mordant à belles dents, léchant son sang. Si l'un était enfin repu, quelque autre attaquait à son tour. Combien de temps dura ce supplice? Au bout de combien d'heures, un gardien par pitié, par inadvertance ou par férocité, asséna-t-il au martyr le coup de barre de fer qui, en brisant ses vertèbres, délivra son âme?

La mort de Bénigne ne fit pas plus de bruit que celle d'Andoche et de Thyrse; c'étaient là, aux yeux des Romains, de simples incidents de police sans importance. Quelques hommes enfreignent la loi impériale : on les châtie. Après, le pays est tranquille; c'est une leçon pour les habitants, voilà tout!

Eh oui! c'était une leçon, mais non comme l'entendait l'administration romaine. Et cette leçon devait porter ses fruits. Faustus, sénateur d'Augustodunum, n'avait jamais perdu de vue ses fidèles amis; il se rendit secrètement à Saulieu; par lui, les corps d'Andoche, de Thyrse et de Félix furent soustraits au bûcher et enterrés. Et Léonilla, disciple de Bénigne, ensevelit celui qui l'avait baptisée et avait créé dans la ville des Lingons une petite colonie chrétienne.

V

La leçon donnée par les martyrs de Saulieu et de Dijon devait porter ses fruits, avons-nous dit. Ces grands remueurs d'esprits avaient semé; le blé poussa, et un épi magnifique de richesse et de pureté dépassa tous les autres dans le champ.

Faustus était mort paisiblement, chargé d'ans, sans que nul ne soupçonnât sa religion; nul ne se douta des relations secrètes qu'il avait entretenues, des amis dont il fut le protecteur, des apôtres qu'il ensevelit pieusement. Augusta restait veuve, et Symphorien, son fils unique, croissait en sagesse et en pureté devant le Christ. Mais par prudence, il cachait sa foi, et rien, extérieurement, ne le distinguait des autres patriciens d'Augustodunum.

Un jour vint où la vérité éclata aux yeux de tous. Écoutez : à cette époque, vers 202, le paganisme le plus étrange, les superstitions les plus absurdes, les cérémonies les plus honteuses régnaient en maîtresses dans tout l'immense empire, si admirablement ordonné pour tout le reste. Dans ce va-et-vient perpétuel des Orientaux en Occident, et des Occidentaux en Orient, les dieux voyageaient comme les hommes : c'est ainsi que nous trouvons sur les bords du Rhône le tauborol de la religion de Mithra, dieu persan. Dans cette foule innombrable de dieux de toutes origines, chaque pays, chaque ville avait ses protecteurs attitrés qu'elle fêtait en grande pompe. Les dieux et déesses tutélaires d'Autun étaient Apollon, Diane et Bérécynthe.

C'est jour de grande fête. A travers la ville escarpée, bâtie sur des collines ainsi que Rome, sa patronne, une immense procession se déroule. Bérécynthe, juchée sur un char, parcourt triomphalement *sa* ville; la foule s'écrase dans les rues étroites, se masse sur les places publiques, et surtout sur l'immense forum; elle descend des ruelles enchevêtrées qui regardent le Champ des Urnes; elle monte de Suburre, quartier populeux; elle déferle de tous côtés comme une mer houleuse pour voir passer le cortège de la déesse. Déjà l'on entend le son des instruments de musique; flûtes et cymbales dominent le bruit de la foule qui, peu à peu, se tait, se calme. Voici les prêtres dansant au son des instruments, les prêtresses couronnées de fleurs. Sous le ciel léger du Morvan, au milieu des parfums d'Orient lourds et enivrants qui brûlent dans les encensoirs, voici enfin le char de la déesse. Une immense acclamation salue Bérécynthe. Tous s'inclinent, tous se prosternent.

Tous, sauf un jeune homme vêtu comme un patricien et qui, debout sur la chaussée, regarde avec mépris la procession sacrilège. Cette bravade soulève l'horreur populaire; en vain veut-on faire adorer au jeune homme la déesse protectrice; en vain veut-on forcer cette jeune tête aux yeux purs à s'incliner devant l'idole. Symphorien reste inébranlable. Il se sait perdu. Jusqu'à ce jour, il avait pu éviter le contact de ces fêtes odieuses, s'abstenir de toute participation à la joie grossière des païens. Aujourd'hui, Dieu en a décidé autrement. Seul devant cette horde, il confesse fièrement sa foi chrétienne. Un chrétien à Augustodunum! un rebelle de haut rang dans la Rome gauloise ose troubler le culte public de la mère des dieux!

Arrêté et conduit devant les magistrats, Symphorien ne se départit pas de sa fière attitude. Le juge Héraclius, en vérité, est plus ému que l'accusé qu'il interroge : « Tu t'étais donc bien caché, car le nom de ta secte ne nous a guère troublés jusqu'à présent! » Il pense avoir facilement raison de ce jeune homme; qu'il s'acrifie publiquement à la déesse et tout rentrera dans l'ordre.

« Pourquoi as-tu refusé d'adorer l'image de la déesse mère?

— Je te l'ai dit : je suis chrétien et j'adore le Dieu vivant qui règne aux cieux. Quant à cette image des démons, plutôt que de l'adorer, je suis prêt, si tu me donnes un marteau, à la réduire en poussière! »

Ainsi l'accusé s'obstine dans son sacrilège. Sur le forum que dominent les temples de Diane, d'Apollon, de Bérécynthe, au milieu d'une foule stupéfiée par cette découverte : un chrétien à Augustodunum, irritée du trouble apporté à la fête de Bérécynthe, Symphorien répète sa profession de foi. Le juge s'impatiente.

« L'accusé se comporte vraiment en sacrilège envers les dieux et en rebelle à l'égard des lois. Est-il citoyen de cette ville? »

Oh! si ce pouvait être un étranger! Ne vous étonnez pas si le juge demande ce renseignement. Les hautes magistratures étaient occupées par des Romains, et Autun était une grande ville. Vous ne seriez pas surpris qu'un fonctionnaire de Nantes ou de Strasbourg ne connût pas tous les habitants de la ville? Mais Symphorien appartient à l'une des plus nobles familles d'Augustodunum; il dépend du magistrat qui l'interroge, qui lui fait donner lecture de l'édit contre les chrétiens. Symphorien écoute, impassible.

Il est pleinement instruit du sort qui l'attend; mais celui qui fut baptisé par Bénigne ne craint ni la mort ni les tourments. Flagellé par les licteurs, brisé, sanglant, il est traîné en prison, enchaîné, pour attendre son jugement définitif. Trois jours se passent ainsi dans l'obscurité et la solitude du cachot. Au milieu de ses souffrances, Symphorien se prépare à la vie éternelle.

Le voilà de nouveau devant le juge, sur le forum. La population excitée se presse sous les portiques où brave le soleil d'août sur la place. Le juge Héraclius a changé

Les soldats entraînèrent la victime.

de tactique : à la menace inutile succèdent les promesses tentantes, l'évocation d'un avenir brillant. Symphorien est jeune et noble : qu'il sacrifie aux dieux immortels, et il s'élèvera facilement dans les rangs de l'armée ou de la magistrature, obtiendra des récompenses sur le trésor public. Mais qu'importe au jeune chrétien de conquérir l'univers s'il vient à perdre son âme?

Héraclius insiste : « Sacrifie aux dieux, afin de pouvoir jouir des honneurs que le prince accorde à ceux qui le servent. »

La riposte ne se fait pas attendre. « Un juge avilit son autorité quand il met ainsi publiquement à prix l'observation des lois ! »

Comme on sent déjà le Français ironique sous le Romain grave !

Héraclius est à bout : puisque ce jeune homme ne veut pas être sauvé, il l'abandonne, et la sentence de mort est solennellement prononcée. Symphorien, citoyen romain, doit mourir par le glaive. Vous vous souvenez que je vous ai déjà parlé de ce privilège lors du martyre des chrétiens de Lyon.

L'arrêt prononcé est immédiatement exécutable; mais le supplice a toujours lieu hors de l'enceinte des villes. Symphorien, emmené par les licteurs, escorté par la lie triomphante, quitte le forum Martium, franchit la porte de l'Est, celle qu'on appelle aujourd'hui la porte Saint-André. Et là se produit une scène admirable.

Augusta, la veuve de Faustus, n'a plus à cacher sa foi; mère d'un martyr, elle se dévoile chrétienne. Symphorien a passé la porte; le condamné rayonne entre ses gardiens; insensible aux injures, à la grossière curiosité du peuple qui l'entoure de tous côtés, il semble déjà s'entretenir avec Dieu. Mais voici que du haut du rempart, une voix chérie l'appelle. Semblable à la Mère des douleurs, Augusta monte le même calvaire que son fils unique. Loin de pleurer et de se lamenter, l'héroïque matrone s'écrie : « Mon fils Symphorien, pense au Dieu vivant. La mort qui conduit à une vie certaine n'est pas redoutable. Élève ton cœur, mon fils : la vie ne t'est pas enlevée ; elle se change pour toi en une existence meilleure. »

Les soldats entraînent la victime, tandis que la veuve, seule au monde désormais, rentre dans la maison patricienne où elle a élevé un saint.

... La tête de Symphorien tombe sous le glaive. Bérécynthe est vengée.

Nul ne peut dire aujourd'hui où s'élevait le temple de la déesse. Un quartier de la ville serre ses vieilles maisons sur le Forum Marcium ; il ne reste que de vagues traces du temple d'Apollon, rien des écoles Méniennes ; le temple de Janus élève ses murs ruinés dans la campagne ; le grand cimetière, le *polyandre*, qui bordait la voie de Besançon est en cultures ou en taillis. Mais la porte romaine d'où retentit la voix d'Augusta est toujours debout. Traversez-la ; prenez la route de Saint-Pantaléon, et avant d'arriver à ce village, vous verrez sur votre gauche un monument très simple près du talus : une stèle de pierre surmontée d'une croix de fonte ; ce monument date du XIXe siècle. C'est là que Symphorien, fils de Faustus et d'Augusta, fut enseveli après avoir souffert pour le Christ.

LA MISSION DES SEPT ÉVÊQUES

Je ne puis vous raconter l'histoire de tous les saints qui versèrent leur sang pour le Christ, ou simplement travaillèrent pour lui sur la terre de Gaule. Ma vie n'y suffirait pas. Mais notre sol de France est tellement imprégné de leur sang généreux, l'atmosphère de France est tellement saturée de leur esprit, que les plus terribles comme les plus sournois adversaires de la religion ne peuvent arriver à déchristianiser notre pays.

Pourtant certains personnages nous sont si familiers que je tiens à vous répéter ce que l'on raconte d'eux. Il y avait des chrétiens en assez grand nombre dans tout le Midi de la Gaule, des îlots chrétiens dans mainte autre région, mais tout cela manquait d'ensemble, de lien. C'est alors qu'au IIIe siècle un pape envoya sept évêques pour évangéliser méthodiquement ce grand pays. Les sept évêques ont laissé un souvenir tantôt très vague tantôt très glorieux dans les provinces qu'ils ont parcourues. Mais ce que nous devons surtout retenir, c'est qu'à une époque de persécution et de guerres, ils ont établi d'une manière inébranlable les assises de l'Église de France.

Les sept envoyés de Rome furent Trophime, Paul, Saturnin, Martial, Austremoine, Gatien et Denis. Je n'ai rien pu recueillir sur Paul de Narbonne et Martial de Limoges : les légendes qui font du premier un disciple de l'apôtre saint Paul, du second l'enfant présenté par Notre-Seigneur comme modèle de pureté, sont charmantes, mais sans aucune source historique.

I

SAINT TROPHIME

> « Je meurs de faim ! J'irai à mon
> père et je lui dirai : « Mon père, j'ai
> « péché contre le ciel et contre vous ;
> « je ne suis plus digne d'être appelé
> « votre fils ! »

Trophime s'arrêta le premier, à Arles. Je vous ai déjà parlé d'un autre Trophime dans cette même Arles.

Arles était toujours et devait être longtemps encore une des reines de la province romaine ; son trafic par le Rhône la faisait riche ; ses monuments la faisaient païenne ; sa population la faisait belle ; le ciel de Provence la faisait éblouissante ; les empereurs la chérissaient et la paraient ; mais les chrétiens, hélas ! y étaient bien peu nombreux. Ce fut dans cette cité radieuse et opulente que Trophime se fixa, prêcha et créa une église. Il réussit au delà de toute espérance, et le troupeau qu'il avait réuni fut bientôt si nombreux que l'administration romaine en conçut ombrage. Quoi ! dans Arles la romaine, ville d'art et de plaisir qui commençait d'attirer les empereurs, cette secte ennemie des lettres grecques, de la philosophie, des belles déesses légèrement drapées, des danses effrénées au son des flûtes et des tambourins, souillait de son culte mystérieux la ville reine ! Les décrets sont toujours en vigueur. Une enquête sévère est ordonnée. Et dans la blanche cité, sous le gai soleil de Provence, vont se renouveler les scènes tragiques que nous avons vues se dérouler à Lyon cent ans auparavant.

Mais ce que Lyon, grave et mystique, n'a pas vu, Arles va le voir ; et si blasée qu'elle soit sur les spectacles dra-

Le magistrat devient plus dur, il menace.

matiques, elle en concevra une telle surprise que l'impression s'en est conservée jusqu'à nous.

C'est toujours le même décor : le juge sur son tribunal entouré de soldats ; les bourreaux étalant sous le soleil ardent leurs instruments de torture ; un espace libre, blanc de la poussière de Provence, au milieu duquel comparaîtront les accusés ; un autel pour sacrifier aux idoles, et dont la fumée bleuâtre monte dans l'air surchauffé ; et, contenue avec peine par un cordon de troupes, la foule, la foule remuante et grouillante du Midi, foule cosmopolite où domine pourtant le type grec adouci par le mélange du sang gaulois. On se pousse, on se presse pour mieux voir les accusés, l'évêque surtout, ce Trophime venu on ne sait d'où apporter le trouble dans Arles.

Trophime est là, chef de tout un peuple, pasteur du troupeau dont Dieu lui a confié la charge et la direction. Trophime, pâle, frémissant, confesse le Dieu fait homme et Sauveur du monde... Le magistrat devient plus dur, il menace ; les bourreaux s'avancent, s'emparent de l'évêque qu'ils étendent sur le chevalet de torture. Alors le héros de tout à l'heure fléchit ; sa chair se révolte sous la douleur ; son âme, son cœur, faiblissent à l'aspect du supplice. Il renie publiquement le Dieu qu'il invoquait il y a un instant ; sa main tremblante brûle l'encens en l'honneur des divinités païennes...

Et son peuple, que va-t-il faire ? Va-t-il, par son héroïsme, son endurance, racheter la chute de son évêque ? Va-t-il, d'un bond splendide, s'élancer jusqu'au ciel, réfugier près des anges et des saints la douleur de cette apostasie et la joie de son propre triomphe ?

Hélas ! les chrétiens d'Arles, trop nouveau venus dans l'Église, encore mal affermis dans leur foi, obéissaient aveuglément à leur évêque. Et l'évêque avait cédé devant l'appareil redoutable de la justice ! Un à un, étonnés, troublés, ne sachant plus où était le devoir, ils suivirent leur pasteur comme un véritable troupeau de moutons et se détournèrent du Dieu qui les avait appelés à une vie meilleure.

Quelle fête ce dut être dans Arles, ce soir-là! Sous le scintillement des étoiles qui se reflètent dans le fleuve, je vois les groupes animés, riant joyeusement et se contant les uns aux autres la défaite de l'évêque. Le mistral s'engouffre dans les rues étroites, mugit, et se brise dans leurs mille détours, emportant avec lui le bruit des chants et des instruments de musique; peut-être a-t-on traîné dans quelque temple les vaincus de tout à l'heure au pied des autels de Vénus ou de Diane... Cependant que dans les quartiers qui avoisinent le Rhône, en de misérables maisons, de pauvres gens pleurent et cachent leur honte. Qu'ont-ils fait? A quel démon ont-ils cédé? A qui se confier? Près de qui se réfugier? Trophime n'a-t-il pas donné l'exemple?

Mais quelques chrétiens n'ont pas suivi l'évêque dans son apostasie, soit qu'ils n'eussent pas été inquiétés, soit que leur interrogatoire ayant précédé celui de Trophime, le fléchissement de l'évêque n'ait pas déterminé le leur. Ceux-là restent résolus, inébranlables; ils se choisissent en secret un nouvel évêque pour reprendre l'œuvre de Trophime défaillant; et comme l'araignée qui recommence dix fois sa toile déchirée avec de nouveaux éléments, la petite Église d'Arles se reconstitue autour de son nouveau chef, mais faible encore et peu nombreuse.

Combien de temps s'est-il passé depuis la scène douloureuse du tribunal? Des semaines? Des mois? Des années? Je ne sais. Mais Trophime, accablé de honte et de douleur, Trophime qui, après avoir touché au sommet de la vraie gloire en amenant au Christ tant d'âmes confiantes, est plongé maintenant au plus profond du gouffre infernal, Trophime traître à son Dieu, à sa foi, à sa mission, trouve enfin la force de relever la tête. Comme Pierre, il a renié son maître par peur, mais comme Pierre, il pleure sur son crime et en implore le pardon.

La vie qu'il a obtenue par le parjure lui est odieuse; le parfum de l'encens qu'il brûla sur l'autel le poursuit, l'obsède! Dans sa solitude, car il n'ose plus se montrer à personne, il pleure, il gémit, il se soumet aux plus rudes austérités. De nouveau, il se pénètre de la parole de vérité; elle le possède bientôt entièrement. Alors, se sentant prêt à toutes les humiliations comme à toutes les souffrances, il va trouver celui qui l'a remplacé sur le siège épiscopal d'Arles. Humblement, mais ardemment, il confesse publiquement sa faute, il demande avec instance à être admis de nouveau dans le sein de l'Église catholique, il réclame à haute voix la pénitence en rémission de son péché. L'évêque d'Arles hésite, doute d'abord de la sincérité de ce repentir qui se manifeste quand le danger a disparu, quand les chrétiens jouissent d'une tranquillité relative. Mais le malheureux apostat redouble ses supplications; les chrétiens fidèles se sentent émus à la vue de leur ancien chef vénéré, gravement coupable, mais courbé sous la main de Dieu.

Et autour de Trophime, la foule de ceux qu'il a entraînés dans sa chute clament aussi leur repentir et leur foi... Étrange peuple! Dieu est loin : il lui semblait qu'il ne pourrait jamais l'atteindre sans Trophime; et quand celui-ci s'est détourné de la vraie voie, il s'en est détourné avec lui. Mais aujourd'hui que Trophime, triomphant de sa faiblesse, veut reprendre la croix et monter derrière son Sauveur l'étroit sentier raboteux qui conduit au ciel, le peuple dont la confiance en lui est absolue, demande à grands cris de partager la pénitence infligée aux renégats...

Devant tant d'ardeur au repentir, celui qui n'avait pas failli ouvre ses bras à tous ces enfants prodigues, et, solennellement, les reçoit de nouveau dans la communion des fidèles.

Ce jour-là, il y eut grande joie au ciel comme sur la terre. Trophime pleura comme Pierre, et fut pardonné; mais il resta dans les rangs des fidèles, et ne redevint pas évêque. Néanmoins, son souvenir resta gravé dans le cœur des Arlésiens, et une des plus anciennes églises de la ville porte son nom.

II

SAINT SATURNIN

> « Celui qui perd sa vie pour l'amour
> de moi la retrouvera. »

Saturnin alla vers Toulouse. L'oppidum gaulois, devenu cité romaine, était déjà une capitale intellectuelle, surnommée la « Pallas gauloise », centre artistique de tout le sud de l'Aquitaine.

Que pouvait espérer Saturnin en se fixant dans cette ville, véritable rendez-vous de tous les dieux de l'empire qui s'incorporait les dieux de tous les peuples qu'il s'annexait? L'encens fumait sur les autels des divinités les plus diverses, les prêtres fouillaient les entrailles des victimes, les dieux rendaient des oracles vénérés. A une population qui s'enivrait de plaisirs faciles, jouissait du soleil et de la vie, Saturnin voulait prêcher un Dieu crucifié, faire aimer l'austérité et la souffrance...

Le Capitole était le principal temple de la ville; il n'était vraisemblablement pas à l'emplacement du capitole actuel de Toulouse, mais sur celui du vieux château, au flanc d'un coteau. On y accédait par de majestueux gradins de pierre. Non loin de cet édifice respecté était une modeste maison sans apparence, où prêchait et enseignait l'apôtre du Christ.

Peu nombreux était son troupeau; cette brillante ville païenne n'était pas une terre fertile pour le bon grain que l'ouvrier chrétien semait sans se lasser. Saturnin réussit pourtant à grouper un certain nombre de fidèles autour de lui; quelques prêtres l'assistaient dans sa tâche rude et secrète... Secrète? Pas complètement. L'arrivée de cet étranger et de ses compagnons était peut-être passée inaperçue, mais sa présence, ses allures, intriguèrent bientôt le voisinage. Qu'avait donc Saturnin de si extraordinaire? Rien, si vous le voulez. Dans les rues, c'était un passant comme un autre passant; il s'habillait comme tout le monde, était simple sans l'affectation des philosophes; c'était un habitant discret et paisible de ce quartier toulousain. Qu'est-ce qui le signalait donc à l'attention? Ceux que le Christ a marqués de son sceau, ses élus, ses bien-aimés, ne peuvent rester longtemps inconnus; malgré eux, leur sainteté rayonne sur leur visage, leur fait une auréole mystique.

Et qu'étaient donc aussi ces hommes et ces femmes qui se glissaient sans bruit le long du glorieux Capitole sans y entrer, ne sacrifiaient jamais aux dieux, et pénétraient furtivement le soir dans la demeure de Saturnin? C'étaient des citoyens tranquilles; mais qu'allaient-ils faire ainsi, nuitamment, près de cet étranger? Le peuple commençait de s'émouvoir, de murmurer. Le mot de « chrétiens » courait déjà de bouche en bouche. Au milieu du IIIe siècle, les chrétiens étaient une secte connue, redoutée du monde officiel, que le peuple haïssait sans pouvoir dire la cause de cette haine. Un vent d'hostilité se levait contre Saturnin et ses prêtres. Un événement sans précédent vint tout précipiter.

Après les hommes, ce sont les immortels eux-mêmes qui s'insurgent contre ce voisinage dangereux : les oracles se taisent; les entrailles des victimes restent incompréhensibles aux devins... Alors l'affolement gagne le peuple. Les prêtres du Capitole, qui lassent les dieux de leurs vaines invocations, ne peuvent donner qu'une réponse, à la fois irritée et angoissée : *quelqu'un* est là, non loin du temple saint, dont le va-et-vient perpétuel, dont la présence seule trouble les oracles et la science divinatoire. *Quelqu'un*... Immédiatement, la foule éperdue recule sur le parvis qui domine la place.

Et voilà que quatre hommes débouchent de la rue voisine, se dirigent sans bruit vers la maison, abri des chrétiens. Les païens, épouvantés tout à l'heure, sentent la colère monter en eux, la colère folle des multitudes, sans frein, sans mesure, qui est la revanche de la peur collective. Saturnin! c'est Saturnin qui, par ses maléfices, par sa magie, trouble les oracles et paralyse les sacrifices!

D'un seul mouvement, cette foule déchaînée se rue sur les paisibles passants. Les compagnons de Saturnin, épouvantés, s'enfuient de tous côtés sans chercher à le défendre; on les laisse échapper; c'est à Saturnin, c'est à l'évêque, au chef, que les Toulousains en veulent; c'est lui le reponsable, c'est lui qui paiera! Saisi, poussé, tiraillé, accablé de coups, injurié par une populace qui ne se connaît plus, couvert de crachats comme son divin Maître, Saturnin est traîné jusqu'au sommet des degrés de ce temple dont le dieu tremble devant lui.

Tout est prêt pour le sacrifice : un taureau est là, orné de bandelettes, maintenu avec peine par les sacrificateurs; le feu de l'autel est allumé. Saturnin est sommé d'adorer ces dieux dont il entrave le culte.

Représentez-vous le temple, les statues élégantes des immortels, les festons qui courent le long des portiques, les prêtres revêtus de leurs ornements sacerdotaux, l'odeur de l'encens qui flotte dans l'air, ce taureau formidable grondant, apeuré, cherchant à échapper à ses gardiens, cette foule menaçante, exaltée de peur et de haine, serrant de toute part le vieillard que les siens eux-mêmes ont abandonné. Et pensez à Jésus, escorté des Juifs en furie, gravissant seul l'escalier du prétoire de Pilate, tous ses parents, ses amis, ses disciples ayant fui de toutes parts.

Saturnin, les yeux fixés sur l'éternité, refuse avec indignation de sacrifier aux idoles... Un grand remous dans la foule... De quel supplice châtier cet impie, ce rebelle, cet ennemi de la religion de l'empire? Le taureau est là, de plus en plus menaçant, les naseaux fumants, sa formidable tête baissée, prêt à fondre sur n'importe quel obstacle... On se saisit de Saturnin, on l'attache à l'animal furieux, surexcité. On se recule, on se range, on se bouscule sur le passage du taureau enfin lâché.

Voyant l'espace libre devant lui, l'animal, aiguillonné par la foule hurlante, se précipite comme une trombe hors du temple. Il bondit de degré en degré jusqu'au bas du Capitole; la tête du malheureux qu'il traîne derrière lui ressaute sur chaque marche, se brise sur les angles de pierre... le taureau fuit à travers la ville et la campagne; le cadavre de l'apôtre se déchire sur le sol.

Les chrétiens, peu aguerris, s'étaient cachés dans leurs maisons; ils n'osaient ni se montrer dans les rues, par crainte des païens, ni même aller rechercher le corps de leur évêque pour l'ensevelir. Le pieux devoir que les hommes terrorisés ne se décidèrent pas à remplir, des femmes, plus courageuses, l'accomplirent.

Deux chrétiennes, alors que la ville calmée reposait tranquillement, suivirent la nuit la voie douloureuse; le sang répandu par le martyr les guidait; elles recueillirent ses précieux restes, les ensevelirent secrètement, puis rentrèrent sans être inquiétées dans cette brillante Toulouse qui ne voulait pas connaître la vérité.

III

SAINT GATIEN

> « Je ne suis pas venu de moi-même, mais celui qui m'a envoyé est vrai et vous ne le connaissez point. Moi, je suis de Lui, je Le connais, et c'est Lui qui m'a envoyé. »

Sur saint Gatien il nous est parvenu peu de chose. Laissant Martial sur les bords de la Vienne, il continua sa route vers la Loire et arriva à Tours. Cette ville a toujours été un point central, le trait d'union entre la France du nord qui finit aux confins de l'Orléanais et de l'Anjou, et la France du midi qui remonte du Plateau Central, par les vallées de la Vienne et du Cher vers cette Touraine que Gatien voulait convertir. Mais Tours n'était pas seulement le point de jonction entre le nord et le sud : elle était aussi la dernière avancée de l'Armorique mystérieuse, toujours rebelle à l'influence des vainqueurs, à leurs mœurs, à leurs dieux. Tours n'était pas l'Armorique, mais par la Loire elle était en communication constante avec Nantes. Par les affluents de sa rive droite, elle pénétrait vers les forêts épaisses, abris des fées, refuge des druides qui entretenaient sur cette terre sacrée le vieux culte national, l'antique littérature des bardes, la morale des ancêtres, plus fière et pure que la morale corrompue des Romains d'empire.

Tours, ville aimable et souriante, répugnait à l'effort. Les Turons étaient affables, mais mous. Un climat doux, un soleil gai, qui réchauffe sans brûler, un horizon paisible de douces collines, un large fleuve dans la vallée, des cultures variées, formaient un ensemble de vie facile. Les habitants n'en demandaient pas plus, et nous verrons, cent cinquante ans plus tard, saint Martin obligé de secouer à son tour l'apathie des Tourangeaux. Et s'il réussit là où saint Gatien échoua, c'est peut-être que le terrain labouré si péniblement par le premier apôtre pouvait enfin faire mûrir le grain.

Que pouvait l'évêque, venu de si loin avec de si beaux espoirs, entre ces dieux païens légers, cruels et triomphants, cette souvenance druidique austère, ennemie de tout ce qui venait de Rome, et cette population facile et insouciante, mais résolue à ne rien changer à ses habitudes de mollesse, et qui opposa la force d'inertie à l'énergique action du missionnaire? Elle est mélancolique, la destinée du compagnon de saint Saturnin et de saint Denis, et peut se résumer d'un mot : il ne connut que la lutte décevante.

Dans le pays de Tours, on remarque au flanc de certaines collines des grottes creusées dans la pierre blanche
et friable du pays; ce sont des demeures. L'une d'elles
fut, dit-on, le refuge de Gatien; il y célébrait le saint
sacrifice sur une pierre grossière pour ceux qui l'avaient
repoussé, assisté peut-être d'une petite élite qui, sentant
que des temps nouveaux étaient venus, que le monde
romain craquait de toutes parts, se tournait vers le Ciel.

IV

SAINT AUSTREMOINE
ET SAINT PRIVAT

> « Vous entendrez parler de guerres,
> on verra s'élever peuple contre peuple
> et royaume contre royaume. Ne vous
> troublez point, car il faut que ces
> choses arrivent. »

Le sixième évêque envoyé de Rome par le pape est
honoré sous le nom de saint Austremoine. Il se sépara
de Martial au seuil du Massif Central, et laissant Gatien
et Denis se diriger vers la Loire et la Seine, s'enfonça au
plus profond des monts d'Auvergne.

L'Auvergne fut l'âme de la résistance gauloise à la sanglante invasion romaine. Les Romains avaient construit
Clermont pour ruiner Gergovie témoin de leur défaite, et
patrie de Vercingétorix. Au sommet du Puy de Dôme,
montagne sacrée de toute antiquité, les immenses cons-
tructions du temple de Mercure se détachaient sur le ciel
profond. De nombreuses sources thermales attiraient les
Romains : Vichy, le Mont d'Or, Saint-Nectaire, Néris,
voyaient, malgré les difficultés d'accès, la foule élégante

se presser autour de leurs eaux salutaires. En dépit d'un pays très âpre, très froid, très sauvage, c'était vers des centres de haute culture que se dirigeait Austremoine.

De son apostolat, nous ne connaissons que le résultat; la vie de l'apôtre nous est cachée. Nous savons pourtant qu'il vécut à la fin en ermite à Issoire. C'est là qu'il mourut.

Nous sommes en 276. Vingt ans se sont écoulés depuis qu'Austremoine est entré, inconnu, à Clermont. Peut-être y trouva-t-il quelques fidèles. Il existait une église à Bourges, qui avait pu pousser quelques reconnaissances jusque dans la capitale des Arvernes. La Gaule centrale vit dans une sécurité trompeuse; l'armée qui veille sur le Rhin contient les Barbares qui cherchent continuellement à passer le fleuve. A l'intérieur du pays, on cultive, on fabrique, on se pare, on édifie des temples, on sacrifie aux dieux, on jouit insolemment de la « paix romaine », on festoye, on s'amuse. Au-dessus de la ville bâtie symétriquement à la romaine, le temple de Mercure étale ses splendeurs. Non loin de Clermont, s'alignent sur une longueur de plusieurs kilomètres les interminables fabriques de poterie qui fournissent de céramiques les Gaules cisalpines et transalpines. Nombreux sont les chrétiens qui, sans bruit, sans ostentation, préfèrent quelque modeste maison de prière aux cérémonies pompeuses qui ont le Puy de Dôme pour théâtre. Parmi les convertis d'Austremoine, on accueille Victorin, naguère ministre de ce temple de Mercure, qui connaît les hontes et les mensonges du culte des idoles, et se détournant de ces impuretés, a levé ses regards plus haut, vers la croix rédemptrice du monde. Il semble qu'aucun trouble intérieur ne venait entraver la petite église.

Pour la première fois depuis que le christianisme a abordé en Gaule, c'est du dehors que vient le danger, du dehors que va fondre l'invasion, la destruction, le massacre, la cruauté froide et systématique. Et pour la première fois, surpris et impuissants, nous voyons la horde de notre éternel ennemi : *l'Allemand*. Dans ce temps-là, il s'appelait *Alaman*, mais c'était le même peuple qu'aujourd'hui, comme vous allez le voir.

L'armée du Rhin, trop faible, a lâché pied ; une brèche se produit à la frontière, et par là, une avalanche se précipite sur la Gaule riche et désarmée. Chrocus, roi des Alamans, commande avec toute la haine du Barbare contre l'art et la civilisation, la joie mauvaise du païen qui anéantit le christianisme, l'aveugle fureur de l'envahisseur qui ruine et détruit aujourd'hui ce qu'il convoitait hier. La hideuse marée déferle à travers les champs et les villes ouvertes de la Gaule ; l'incendie et le massacre marquent chaque étape de Chrocus. Après avoir brûlé les riches campagnes de la Limagne, il arrive devant Clermont ; et voici que surgit à ses yeux le temple de Mercure sur le Puy de Dôme. Quelle proie, quel butin pour l'Allemand ! Il lance ses hordes contre cette ville ouverte dont les habitants ne peuvent même pas se défendre. Qu'importent païens ou chrétiens au barbare vainqueur ? Il les confond dans un massacre sans pitié, tue, pille, détruit, incendie, pour le plaisir tout germanique de faire le mal. Clermont brûle. A l'assaut du Puy de Dôme ! Les chrétiens sont exterminés. Sus aux temples païens ! Murailles, colonnes, mosaïques, tout s'effondre dans le désastre.

Victorin vit-il s'abîmer dans les flammes le temple du dieu qu'il avait servi ou bien souffrit-il le martyre alors que le Puy de Dôme se couronnait encore de l'édifice païen ? Je ne sais.

Chrocus, satisfait de son œuvre, poursuit sa route à travers l'Auvergne. Le sang de Victorin, Cassius, Antolianus, Liminius, et de combien d'autres, l'a enivré ; et le sang appelle le sang.

Le sauvage Alaman s'enfonce plus au sud. Sans doute, les richesses de la Narbonnaise et de la Provence l'attirent comme elles en ont attiré tant d'autres. Le voilà dans les montagnes de la Lozère. Une bourgade cénevole retient son armée... Une bourgade, était-ce même une bourgade à cette époque, ce qui devint plus tard la pittoresque ville de Mende? La réputation des Alamans les a précédés; les Gaulois n'attendent d'eux ni pitié ni miséricorde, ils savent que les barbares massacrent les païens pour s'emparer de leurs biens, et n'épargnent pas les chrétiens pauvres et misérables, vivant d'un idéal...

Les montagnards, épouvantés de l'invasion, organisent à la hâte un camp retranché où ils se réfugient avec leurs familles, leurs pauvres richesses, sous la protection morale de leur évêque Privat, disciple d'Austremoine.

Quelle grave raison décida Privat à sortir de l'enceinte protectrice du camp? Pour quel devoir de charité, d'apostolat, s'exposa-t-il à être surpris par les barbares? L'histoire ne nous le dit pas; toutes les conjectures sont donc permises : je suis convaincue que, seule, l'idée d'une âme en danger au milieu de l'invasion le décida à abandonner ses concitoyens qui se serraient autour de lui comme les poussins autour de leur mère.

« Et si, sur cent brebis, une est en péril, le bon pasteur ne laisse-t-il pas les quatre-vingt-dix-neuf autres pour aller chercher celle qui s'égare? »

Voilà Privat seul dans la rude campagne cénevole. A-t-il accompli la mission qu'il s'était donnée, ou s'y rend-il? Il marche intrépide et solitaire... Solitaire? Non, Dieu lui tient compagnie. Soudain, les féroces Alamans surgissent tout autour de lui. De quelque côté qu'il se tourne, l'évêque ne voit que statures géantes, gestes brutaux et menaçants, regards animés de convoitise. On le saisit, on l'entraîne devant le chef. La prise ne semble pas d'abord très importante; l'aspect du prisonnier ne révèle ni la richesse ni la puissance. Mais ce captif peut mettre les conquérants sur une bonne piste; la région n'est pas déserte, on le sait bien. Que Privat dise donc où se cachent ses compagnons, ses concitoyens, qu'il indique où ils ont enfoui leurs trésors...

Dès l'instant où il a été surpris, Privat a fait le sacrifice de sa vie ; et maintenant, il voit qu'il tient entre ses mains non seulement son propre sort, mais celui de son troupeau. « Le bon pasteur donne sa vie pour ses brebis... » Ni menaces ni promesses n'ont raison de sa fermeté. Mais ses réponses ont montré un chrétien aux envahisseurs, et leur acharnement redouble. On le somme de sacrifier aux dieux : non pas à ces dieux philosophes et corrompus qu'il est accoutumé à rencontrer partout et à braver chaque jour, mais aux dieux du Nord, dignes modèles des bourreaux de la Gaule : Odin, Freia, les Walkyries, et toute la gent du Walhalla ! Privat ne craint pas « ceux qui peuvent tuer le corps mais ne sauraient tuer l'âme ». Fidèle jusqu'à la mort au Dieu qui est mort pour lui, il se voit roué de coups, battu de verges... Épuisé par la perte de son sang, par les mille tourments que lui infligent ses persécuteurs, il languit quelques jours encore et meurt, martyr de son pays et de sa foi, pour le peuple qui a cru en lui, et dont il refusa de trahir la confiance.

V

SAINT DENIS

« Heureux ce serviteur : le Seigneur
'établira sur tous ses biens. »

Nous voici arrivés à la mission du septième évêque, le dernier, celui qui s'avança le plus loin, le plus au nord, dans des régions où nous n'avons pas encore vu d'apôtres. Son influence fut immense ; son œuvre, prodigieusement féconde. Avec une intuition merveilleuse, il prit pour champ d'action le lieu qui devint dans la suite le cœur et le cerveau de la France.

Lutèce était de médiocre importance au IIIe siècle ; et aujourd'hui, c'est Paris. Les Parisiens ont toujours gardé une profonde vénération pour leur évêque et, dès les temps les plus anciens, ont entouré sa mémoire de légendes des plus respectables, mais peu compatibles avec ce que nous savons de cet apôtre, premier patron de la Gaule. Sainte Geneviève elle-même croyait que saint Denis fut converti par saint Paul à Athènes, le confondant ainsi avec saint Denis l'Aréopagite. La vraisemblance et la réalité sont tout autres, puisque Denis de Paris vécut deux cents ans après Denis d'Athènes.

Denis arriva en Gaule suivi déjà d'un certain nombre de disciples; il se dirigea immédiatement vers la riante vallée de la Seine. Ces régions, riches et bien cultivées, d'un accès facile grâce à leurs rivières navigables, comptaient peu de ces grandes villes où s'épanouissait la civilisation romaine. Lutèce n'était qu'une île qui ne devait être fortifiée qu'un peu plus tard, après l'invasion des Alamans. Les principaux centres étaient Beauvais, Senlis et Soissons. Et pourtant, ce fut certainement Lutèce qu'évangélisa Denis; je le répète, cet apostolat dut être heureux, car son souvenir est resté très vivace chez les Parisiens.

Au nombre des prêtres qui assistaient Denis dans sa rude tâche étaient Éleuthère et Rustique. Les travaux d'un évêque missionnaire étaient multiples en ces temps héroïques, et bien pauvres leurs moyens d'action. Songez qu'ils devaient satisfaire à deux conditions contradictoires : rester cachés, ignorés, ainsi que ceux qu'ils convertissaient, à cause des édits de persécution, et en même temps se répandre dans tous les milieux, y être familiers, et y faire connaître cet évangile et cette morale du Christ pour lesquels ils avaient tout abandonné, étaient prêts à tout souffrir. Je me suis souvent demandé comment nos premiers évêques accomplissaient ce double miracle; et pourtant, ils étaient rapidement obligés d'avoir des auxiliaires dans leur ministère sacré. Un évêque ne se cantonnait pas dans une ville, surtout dans une bourgade comme Lutèce. Dans sa sainte ambition, son apostolat embrassait toute une région, et nous trouvons les disciples de Denis à Beauvais, Soissons, Amiens, etc. Nous connaissons l'œuvre de Denis; nous ne savons rien de sa vie, mais écoutez le récit de sa mort. Pour lui et ses compagnons parisiens, l'heure suprême avait sonné. Ces vies, tellement enveloppées de légendes que nous n'y pouvons rien voir de net, se dégagent alors de leurs brumes comme le soleil à son lever et resplendissent sous l'auréole du martyre, du haut de la colline désormais sainte qui domine Paris.

Après avoir subi les angoisses de la prison, les tourments de la flagellation, les horreurs de la question, Denis, Rustique et Éleuthère furent conduits sur le mont de Mercure, au nord de Lutèce. De là, les trois confesseurs purent contempler le fleuve qui circule en longs méandres à travers la vallée, l'île de Lutèce appelée à une si haute destinée, les douces et riantes campagnes de Gaule où tant de chrétiens, déjà, étaient grâce à eux appelés à la vie supérieure; ils bénirent leur œuvre, leurs brebis, leur bercail, et leur bénédiction a protégé Paris dans sa vie agitée. Puis ils s'agenouillèrent et tendirent le cou à la hache du bourreau.

Saint Denis, premier évêque de Paris, fut ainsi son premier martyr avec saint Rustique et saint Éleuthère. La colline qu'arrosa le sang de ces apôtres en fut consacrée à tout jamais, et son nom actuel de Montmartre n'est qu'une légère déformation de « Mont des Martyrs ».

L'histoire de ces trois saints ne finit pas avec leur mort. Chose singulière, je puis dire, surtout pour saint Denis, qu'elle *commence* avec leur mort! Suivons-les donc.

Lorsque vous visiterez quelqu'une de nos cathédrales du nord, et en particulier Notre-Dame de Paris, vous verrez parfois dans la foule des statues auréolées, un saint debout dans l'attitude de la méditation comme ses compagnons; mais il est décapité et porte sa tête entre ses mains; ne croyez pas à quelqu'une de ces profanations dont nos églises ont été trop souvent victimes. Cette attitude étrange n'est que le souvenir de l'antique tradition que les Parisiens se répétaient jadis de génération en génération :

A peine la tête de saint Denis était-elle tombée sous la hache du bourreau, que le corps, au lieu de rouler inerte, se redressa soudain ; les mains ramassèrent la tête tranchée, et glissant plutôt qu'il ne marchait, le martyr, portant toujours sa tête, descendit la colline sanglante, et se dirigea au nord, vers les bords de la Seine. Arrivé au delà du petit bourg de Catheuil, le corps s'arrêta, marquant ainsi sa volonté d'être enseveli en ce lieu. « Et, raconte le bienheureux Jacques de Voragine, s'éleva en ce lieu une musique d'anges si harmonieuse que, parmi la foule, la femme du préfet Lisbius, Laertia, se proclama chrétienne, ce qui lui valut d'être décapitée et de recevoir le baptême du sang. »

Ce fut, dit-on, une noble païenne qui, émue de compassion et d'admiration, ensevelit le saint ; plus tard, une pieuse femme, Catulle, édifia un modeste oratoire sur ces reliques. Mais il nous faudra attendre sainte Geneviève pour voir une basilique élevée à saint Denis. Cent cinquante ans plus tard, Dagobert fonda là cette célèbre abbaye où furent désormais ensevelis les rois de France. C'est sur l'autel de Saint-Denis que le roi Louis VI prit l'oriflamme, signe de ralliement de ses troupes. Saint Denis fut le premier patron de la France, et son culte est encore vivant sur son ancien champ de bataille.

Éleuthère et Rustique étaient tombés en même temps que saint Denis. Les autorités, voulant éviter que les chrétiens ensevelissent les corps avec honneur et vinssent se réunir sur les tombeaux, ordonnèrent de jeter les deux cadavres à la Seine.

Ici, nous retrouvons l'esprit d'entreprise et de décision d'une femme, comme pour les restes de saint Saturnin, comme pour ceux de saint Denis, en ce même jour. Une dame noble et païenne invita à sa propre table ceux qui emportaient les corps de Rustique et d'Éleuthère, et allaient accomplir leur lugubre besogne. Tandis que les hommes mangeaient, buvaient et riaient en la riche demeure gallo-romaine, leur hôtesse énergique faisait dérober les dépouilles des deux saints, et, pour les soustraire à toute profanation, les faisait ensevelir dans son propre champ. Elles y restèrent en paix, jusqu'à ce que, la persécution s'étant calmée, elle pût les réunir au corps de saint Denis, afin que ceux qui avaient travaillé ensemble, avaient ensemble subi le martyre, dormissent ensemble, jusqu'à l'appel de la trompette de l'ange.

CINQUIÈME RÉCIT

LES DISCIPLES DE SAINT DENIS

I

LE VOYAGE DE RICTIUS VARUS, PRÉFET DU PRETOIRE

« Je suis venu apporter le feu sur la terre, et que désirai-je, sinon qu'il s'allumât ? » avait dit le Christ.

Vers l'année 288, le préfet du prétoire Rictius Varus fut fort affairé ; il parcourut la deuxième Belgique, de Trèves et Cologne, jusqu'à Tournai et Amiens éteignant ce *feu* qui se rallumait chaque jour derrière lui, d'autant plus vif, d'autant plus pur, que les actes du fanatisme du soldat brutal ne faisaient que l'attiser.

Rictius Varus était un officier romain d'origine barbare, ennemi né du christianisme, esprit étroit, ne comprenant que la *lettre* de son double métier de soldat et de magistrat.

Les temps étaient durs pour les chrétiens... Mais croyez-vous donc que les païens n'avaient pas de terribles soucis ? Alors qu'on appelait de Palestine une légion romaine sur le Rhin pour renforcer cette frontière toujours menacée, et contenir, au besoin combattre les soldats chrétiens qu'on avait découverts à Trèves, cette légion, sous la conduite de saint Maurice, ne préférait-elle pas se faire massacrer jusqu'au dernier homme dans les défilés d'Agaune, plutôt que de marcher contre des chrétiens ? N'avait-il pas fallu exécuter à Trèves trente officiers qui s'étaient déclarés chrétiens? abattre à Bonn sur le Rhin une église naissante? Le christianisme s'infiltrait partout dans l'armée. Et la célèbre cathédrale qui s'éleva mille ans plus tard à Cologne, l'une des plus belles du monde, recouvre un puits où le farouche préfet du prétoire fit précipiter les corps de trois cents soldats. Après ces sanglantes exécutions, Varus aspirait à un peu de repos. Mais la religion qu'il voulait extirper de la deuxième Belgique sévissait dans la population civile comme dans l'armée.

Le fanatique persécuteur se mit aussitôt en route pour détruire tous ces nids de vipères, ces repaires de chrétiens qui, sur les confins des pays barbares, bravaient le culte officiel de l'Empire !

II

SAINTE MACRA

« Le zèle de votre maison me dévore. »

L'hiver est rude au nord-est de la Gaule. N'importe : Varus est en route; il n'a pas de temps à perdre. On lui a signalé à Soissons deux chrétiens dangereux, d'humble condition, mais dont l'influence est grande dans la ville. Il n'attend pas que les fêtes de la nouvelle année soient terminées pour chevaucher avec toute son escorte à travers les rafales de neige, le verglas et la bise du pays qu'on nomme aujourd'hui la Champagne. A peine est-il parti que, dans certains centres, des émeutes éclatent contre les chrétiens... et pourtant, depuis plus de cent ans que ceux-ci font parler d'eux en Gaule, les fables absurdes qui couraient sur leurs mœurs ne rencontrent plus créance dans le peuple; nul ne croit qu'ils offrent des sacrifices humains ou mangent des enfants. Le cri : « Les chrétiens aux bêtes ! » ne retentit plus. La foule habituée à un contact fréquent avec ces soi-disant criminels, les connaît mieux ; une sorte d'indifférence a peu à peu remplacé l'animosité d'autrefois.

Mais il y a partout, et surtout dans les grandes villes, une populace, une *lie* dont le malheur d'autrui fait la joie, qui est avide de sang, de massacres, de désordres. Hélas ! les temps n'ont pas changé, et dans notre xxe siècle, d'une civilisation soi-disant raffinée, qu'a-t-il fallu tout dernièrement pour soulever contre les catholiques, les *nervis* de Marseille ou les métèques de Paris ? Il en allait de même il y a seize cents ans ; et la populace de Reims préluda aux enquêtes de Varus en massacrant quelques malheureux chrétiens dont le nom n'est même pas venu jusqu'à nous. Mais s'il n'est pas inscrit dans les Actes des martyrs, il est inscrit Là-Haut, dans le Livre de vie. Reims ne retint pas Varus ; il avait à faire plus loin : il se dirigeait vers l'ouest, entouré de ses gardes, de ses greffiers, de ses bourreaux. La vue de cet imposant appareil de la justice en marche faisait positivement sortir de la terre des fanatiques, des espions, des flatteurs avides de se faire bien voir du redoutable magistrat par des dénonciations plus ou moins fondées. Et ces dénonciations retardaient le voyage à Soissons.

Le voilà à Fines, petite localité aux confins des territoires de Reims et de Soissons ; aujourd'hui, c'est Fismes. Là vivait une jeune femme nommée Macra. Sa maison située dans un lieu assez solitaire, en une petite île de la Vesle, était bien connue des chrétiens de la région, qui la fréquentaient assidûment.

Représentez-vous une maison sans style, sans apparence, un peu comme serait de nos jours la maison d'une paysanne aisée. Cette maison que rien ne signale à l'attention est sainte ; là se célèbrent les Mystères, lorsqu'un prêtre peut venir donner la communion en ce lieu. Si quelque chrétien de passage arrive à la nuit, il frappe à la porte de Macra, prononce la bénédiction qui le fera reconnaître pour un frère, et la sainte hospitalité lui sera accordée avec joie. Parfois, c'est un message mystérieux qu'un fidèle remet à la jeune femme, et qu'à son tour elle transmet à quelque chrétien. Macra est ardente et zélée ; longtemps elle se met ainsi au service de ses frères sans rien épargner ; mais bientôt ce zèle même la trahit. Abriter des chrétiens, servir d'intermédiaire entre eux, faire de sa maison une église, ne suffit plus à son ardeur. Rejetant toute prudence, elle se met à prêcher, comme aurait pu faire un homme, probablement pas en public, mais assez ouvertement pour éveiller la suspicion de ses voisins d'abord, puis d'autres habitants de Fismes. De la suspicion à la délation, il n'y a qu'un pas bien facile à franchir, lorsque le dénonciateur sait qu'une oreille complaisante accueillera sa confidence. Et voilà pourquoi Varus, pressé de gagner Soissons, dut s'arrêter à Fismes pour juger une pauvre femme.

Macra est traduite comme une criminelle au tribunal du redoutable magistrat. Tout l'appareil menaçant dont s'entoure le préfet du prétoire ne la trouble pas. Elle se prépare bravement à soutenir, argument contre argument, une âpre discussion pour l'honneur du Christ. Mais Varus est pressé d'instruire et de conclure ce procès qui le retarde, il n'a que faire de discuter avec une femme. Peut-être le grossier soldat serait-il bien embarrassé de faire assaut de logique et de théologie avec elle ; aussi coupe-t-il court. Et montrant à Macra, sur une éminence, un petit temple dédié à Jupiter : « Voilà le Capitole, dit-il ironiquement. Femme, regarde de ce côté, et brûle de l'encens en l'honneur des dieux ! »

Macra est Gauloise et fille du peuple. C'est dire que chez elle, à l'esprit d'impulsion qui peut la porter à l'imprudence et la compromettre, se joint une grande fermeté d'âme, une grande rectitude de jugement, les qualités, en un mot, qui formeront plus tard le *bon sens* français. Aussi, à la rude apostrophe du païen, répond-elle fièrement : « Le Christ est mon Capitole, je ne regarde que lui, et c'est à lui que je sacrifie dans le secret de mon cœur ! »

Comment Varus aurait-il compris un langage aussi élevé? Il ne l'essaya même pas. Jugeant des autres par lui-même, croyant la jeune Gauloise aussi cupide que lui, il pensa terminer rapidement une affaire qui ne lui valait aucun honneur en offrant de l'argent à Macra.

De l'argent à Macra pour renier Jésus et fermer sa demeure aux chrétiens? Comme dans un éclair, elle revit son humble maison tapie dans l'île de la Vesle, cachée sous la neige en cette saison, battue par les rafales du dehors, mais où Dieu même daignait faire sa demeure et se donner à ses fidèles. « Un seul jour dans la maison du Seigneur vaut mieux que mille passés ailleurs. » Je vois d'ici le sourire de pitié ironique qui effleura les lèvres de celle qui acceptait le martyre.

Macra se redresse en proie à une sainte colère. « Ne sais-tu donc pas, s'écrie-t-elle, ce qui arriva à Simon le magicien qui voulut acheter le Saint-Esprit? Que ton argent périsse avec toi ! » C'en est trop ! Cette paysanne ose insulter un préfet du prétoire? Il fait signe à ses bourreaux.

Qu'il fait froid dans cette île de la campagne rémoise ! Le ciel est triste et bas, les arbres dépouillés offrent l'image de la désolation. Mais voici qu'un crépitement joyeux se fait entendre; la fumée monte en tourbillonnant vers les nuages lourds de neige; la flamme jaillit, se tord au vent, éclaire étrangement soldats, bourreaux et victime. Car hélas! ce feu qui danse n'est pas le feu qui réchauffe le voyageur frissonnant; c'est le feu qui brûle, destiné à purifier Macra dans le creuset de la douleur.

Et comme ce n'est pas assez pour Varus de voir torturer dans son corps celle qui lui tint tête si fièrement, il veut ajouter la honte à la souffrance; ces hommes brutaux portent leurs mains souillées sur la pure jeune femme, et lui arrachent ses vêtements. Combien les sanguinaires

C'est la justice romaine qui passe dans le vent glacial.

magistrats romains en ont-ils vu de ces chrétiennes, insensibles, à la torture, mais dont la fermeté fléchissait à l'idée de rester nues devant leurs bourreaux ! Macra reste impassible. La flamme prête à la dévorer, le froid qui la transperce, ces hommes impitoyables qui l'entourent, ce magistrat implacable qui veut l'abattre, que lui importe ? Elle ne voit que la demeure éternelle où le repos l'attend. Brusquement, Varus suspend les apprêts du supplice : « Qu'on la jette en prison ! Nous avons perdu trop de temps avec elle ! »

Et Macra, dans la morne prison de Fismes, devait attendre deux longs mois que le Christ accordât enfin à ses travaux, à son indomptable courage, la couronne des élus !

Le sinistre cortège reprend sa route au milieu de la bise de janvier, de la neige qui transit les cavaliers, sur les voies glacées que font résonner les sabots des montures, véritable et fantastique chevauchée d'Apocalypse qu'enveloppe étrangement la brume d'hiver.

III

SAINTS RUFIN ET VALÉRIEN

> « Laissez croître l'ivraie et le froment jusqu'à la moisson, et alors je dirai aux moissonneurs : « Arrachez d'abord « l'ivraie et liez-la en gerbes pour la « brûler ; pour le froment, amassez-le « en mon grenier. »

Le sinistre cortège continue sa route, répandant le deuil et l'effroi autour de lui. C'est la justice romaine qui passe dans ce vent glacial au milieu de ce payage de mort.

Une halte à Braine. Ce n'est pas même une ville, à peine un village, plutôt un château, une réserve de grains confiée à deux fonctionnaires, Rufin et Valérien. Mais les préposés au grenier public ne sont pas à leur poste pour recevoir le préfet du prétoire; et leur fuite est à elle seule un aveu. Rufin et Valérien sont chrétiens!

Fonctionnaires de l'Empire, ayant prêté serment à l'empereur, ils sont doublement coupables aux yeux de Varus. Morts ou vifs, il les lui faut. Ah! certes, l'argent qui n'avait pu acheter Macra dut faire merveille ici. Rufin et Valérien n'étaient pas loin. On les découvrit bientôt, « cachés dans une caverne non loin du village, » disent les Actes. Une caverne... ne serait-ce pas plutôt une carrière comme ces tragiques carrières de l'Aisne où se sont, pendant la Grande Guerre, déroulées tant de scènes tragiques, de combats obscurs?

Les deux malheureux, enchaînés, comparaissent devant un juge à la fois implacable et pressé : il a tant à faire à Soissons! Leur procès ne sera certainement pas long. Que Dieu ait pitié d'eux et maintienne leur courage à la hauteur de leur foi! Déjà les voilà étendus sur le chevalet de torture; déjà leur sang coule pour le Christ; déjà leurs membres ne sont que plaies et brisures.

Mais pouquoi les avoir mis à la question, Varus? Ils se sont avoués chrétiens, crime pour toi impardonnable. Que veux-tu donc de plus?

Eh! toujours la même chose : qu'ils donnent les noms de leurs complices, coupables comme eux d'accomplir la loi d'amour et de pardon.

Des complices, peut-être n'en ont-il pas à Braine, mais Soissons n'est pas loin; ils sont certainement affiliés à quelque société secrète de Soissons. Qu'on les détache du chevalet : ils pourront nous être utiles là-bas. La chaîne au cou, qu'ils marchent derrière le cortège infernal. Que leurs membres à demi disloqués traînent un corps presque vide de sang. En route, chrétiens préposés au grenier public, gardiens et distributeurs d'un grain moins précieux à vos yeux que celui que la parole divine a semé dans votre âme! En route, martyrs dont le corps épuisé fléchit à chaque pas! en marche pour Soissons où vous devrez accuser vos frères en Jésus-Christ!

Quoi! vous n'avancez plus? Même sous les coups de fouet, les coups de pieds de vos bourreaux, vous n'avez pas la force de vous relever pour tomber de nouveau dans quelques pas? Soit, il en sera donc comme vous l'aurez voulu, chrétiens!

Deux fois, l'éclair bleu d'un glaive a traversé le ciel froid : deux corps gisent sans vie au bord de la route et deux âmes, enfin délivrées, prennent leur essor vers la lumière éternelle.

Un jour, pendant la Grande Guerre, un prêtre emmené comme otage par les Allemands, après avoir subi mille outrages, mille tourments, fut lié et obligé de suivre dans leur course ses féroces bourreaux. Épuisé, il tombait à chaque pas, relevé brutalement d'un coup de crosse. Enfin, las de le torturer, les soldats l'achevèrent sur le bord de la route. Ces deux martyres si semblables à seize cent vingt-six ans de distance, ne vous frappent-t-il pas?

A travers la plaine épouvantée, l'effroyable chevauchée a repris sa course.

IV

SAINTS CRÉPIN ET CRÉPINIEN

> « Allez dans les places et les rues
> de la ville et amenez ici les pauvres...
> Allez dans les chemins et le long des
> haies, et faites entrer les gens, afin
> que ma maison se remplisse. »

Soissons commençait à cette époque à prendre une importance qui ne devait cesser de grandir pendant trois cents ans. Grand fut l'émoi dans la ville lorsque Varus et ses acolytes y firent leur entrée, précédés du récit des drames de Trèves, de Bonn, de Cologne, de Fismes, de Braines. Les païens acclamaient le magistrat qui devait rétablir le prestige des dieux de Rome et abattre ces chrétiens qu'on rencontrait maintenant à chaque pas. Les chrétiens, terrifiés, ne savaient que trop le sort qui les attendait, ou tout au moins était réservé à leurs chefs Crépin et Crépinien. Et chacun tremblait pour les deux ouvriers dont la misérable échoppe était le centre de la vie catholique du pays!

Qu'étaient donc ces deux cordonniers, experts en un métier qui les retenait dans les rangs les plus humbles du peuple? Nous voyons ici pour la première fois un exemple de renoncement aux biens du monde, et la vocation à la pauvreté pour l'amour du Christ et du prochain; mille ans plus tard, Crépin et Crépinien eussent été compagnons de saint François d'Assise.

Les futurs apôtres de Soissons étaient nés à Rome d'une famille distinguée du monde païen. Les deux frères ne se quittèrent jamais, reçurent ensemble une instruction étendue dans les lettres païennes, et se trouvèrent entraînés dans la société légère et perverse qui était maîtresse de Rome au iiie siècle. Un tel milieu ne pouvait plaire à ces âmes fières et délicates qui réprouvaient la corruption de leur entourage, à ces esprits inquiets qui cherchaient la paix dans la vérité. Un jour, l'un d'eux fit, par hasard peut-être, la connaissance d'un jeune homme dont les allures contrastaient singulièrement avec la veulerie à laquelle ils étaient habitués; il se sentit attiré vers ce nouveau compagnon; celui-ci, devinant en Crépin une nature d'élite, l'introduisit dans sa communauté chrétienne. Crépin a enfin trouvé ce que, depuis longtemps, il cherchait sans peut-être s'en rendre compte. Il a la paix, son agitation s'est calmée; un horizon de beautés illimité s'offre à sa vue. Le voilà au port. Mais point n'y restera. Un port, c'est le point de départ du navire, le lieu où il se repose entre deux voyages, mais non celui où il s'enlise dans l'immobilité. Crépin n'est peut-être pas encore chrétien que déjà il est apôtre. Il n'a de cesse que Crépinien ne soit entré à sa suite dans le sein de l'Église.

Il n'était alors bruit dans le monde chrétien de Rome que de la mission des sept évêques que le pape avait envoyés en Gaule pour répandre la foi au delà des Alpes; on la suivait par la pensée; on se communiquait les nouvelles que l'on pouvait en recevoir. Les deux jeunes Romains s'enflammaient en particulier au récit des travaux de Denis dans la vallée de la Seine. Pourquoi l'évêque de Paris les attirait-il plus qu'aucun autre? L'avaient-ils connu en Italie avant son départ pour la Gaule? Le succès de l'évêque des Parisiens exalta-t-il leur zèle? Les deux frères résolurent bientôt d'aller retrouver leur héros, et de joindre leurs efforts aux siens pour la conversion de ce qui formait alors la seconde Belgique.

Ils partent, et ils partent secrètement. Leur famille connaissait-elle leur foi? Peut-être, mais elle se fût probablement opposée à leurs projets d'apostolat comme peu compatible avec leur rang social. Ils partent, ils traversent les Alpes comme des exilés; ils sont seuls, sans famille, sans amis; personne de qui se recommander quand ils demandent l'hospitalité; ils sont pauvres; ils ont faim, ils ont froid. Que les Alpes sont donc hautes, et les chemins pénibles! Courage, valeureux apôtres! les difficultés matérielles que vous devez vaincre aujourd'hui ne sont que le prélude et l'image de celles qui vous attendent aux côtés de Denis. Courage! vous êtes des défricheurs, vous préparez le chemin pour les générations futures. Les Romains eux-mêmes ont travaillé pour vous en construisant la formidable voie qui, redescendant d'Italie jusqu'en Savoie, facilite l'expansion de ce christianisme qu'ils persécutent.

En arrivant en Gaule, Crépin et Crépinien, pleins d'un mystique enthousiasme, savaient qu'ils marchaient au martyre. Mais la misère se présenta d'abord aux deux

riches Romains, la misère âpre, honteuse, mauvaise conseillère, tentatrice. Ils mendièrent du pain, ils mendièrent
un gîte. Bientôt, se souvenant de l'exemple de saint Paul,
ils prirent une résolution héroïque. Avant de mourir pour
le Christ, eux qui étaient morts à tout ce qui était terrestre, il fallait qu'il vécussent, qu'ils gagnassent durement leur vie, après quoi, ils gagneraient glorieusement
le Ciel. Mettant en pratique le proverbe : il n'y pas de
sot métier, ils entrèrent bravement en apprentissage
chez un cordonnier. Où? Chez qui? Probablement chez
un « frère » d'une ville qu'ils traversèrent pour aller
rejoindre Denis, leur modèle. Ils mirent toute leur ardeur
à apprendre leur humble métier manuel, et ils y devinrent
habiles ouvriers, dit la tradition soissonnaise.

Ils vont, ils vont toujours, attirés par l'éclat de la sainteté de Denis; en chemin, pauvres nomades, ils raccom-
modeut des souliers pour gagner de quoi aller plus loin.
Ici, on leur donne de l'ouvrage, là, on les emprisonne;
nul ennui, nulle fatigue, ne les rebute.

Enfin, voilà Lutèce dans son île paisible, entourée de
son fleuve riant et animé. Lutèce est déjà lumière, puisque
là réside et prêche Denis. Les infatigables pèlerins
arrivent près de l'évêque qu'ils sont venus chercher de
si loin. Dans quelque humble demeure de la Cité, au
doux murmure de la Seine dont les flots clapotent contre
les barques, deux ouvriers cordonniers se présentent,
tout à la fois modestes et entreprenants; ils viennent,
pleins de foi, s'engager dans la milice des soldats du
Christ, si l'évêque croit pouvoir employer leur zèle.

Je pense que c'est le soir. Une grande pièce, un peu
sombre, éclairée seulement par la petite lampe de terre
qui dissipe à peine les ténèbres, et le feu dans la chemi-
née; là, saint Denis, premier évêque de Paris, debout,
majestueux et simple à la fois, bénit saint Crépin et saint
Crépinien à genoux devant lui. A Lutèce, son équipe
est complète pour l'instant; il envoie donc ces ardents
combattants à son lieutenant, saint Quentin, semblable

Ils mirent tout leur cœur, toute leur ardeur, à apprendre leur humble métier.

à la flamme qui dévore. Près de la lampe, saint Rustique ou saint Eleuthère rédige la lettre qui recommande les deux cordonniers au patricien Quentin. Puis une porte s'ouvre doucement dans la nuit; les nouveaux apôtres descendent dans une barque qui les emmène sans bruit à Amiens, vers Quentin qui leur assignera leur poste.

Aux riches lettrés qui s'étaient faits humbles et pauvres par amour, Quentin, noble lui-même et resté grand seigneur en dépit de son détachement chrétien, Quentin confia l'apostolat du peuple, des malheureux, des ouvriers, des esclaves. Crépin et Crépinien ne pouvaient souhaiter mieux. Ils reprirent leur vie nomade. Les douces campagnes et les riches cités de la Picardie, de l'Ile-de-France, virent passer, trente années durant, les saints ouvriers. Quel fut leur mode de propagande? Nous ne le savons pas exactement. Mais il était dans le peuple gaulois des habitudes enracinées depuis longtemps déjà quand les Romains parurent, et qu'ils respectèrent en les transformant un peu : je veux parler des foires périodiques, des réunions en certains lieux sacrés, à des dates fixes, des fêtes religieuses, des marchés.

Certainement Crépin et Crépinien surent profiter de tous ces usages. Les voyez-vous, portant dans une besace les outils des cordonniers, vêtus grossièrement de la saie et des braies qui furent toujours le costume du peuple gaulois, les voyez-vous s'installer en plein vent, sur la place de quelque village de l'Oise ou de l'Aisne? Tout en réparant les sandales, les galoches, que leur apportent les paysans, ils causent, mais surtout ils écoutent. Bientôt ils sauront s'il y a quelque frère en ce lieu, ou quelle divinité païenne y est en honneur; au cabaret où ils prennent un frugal repas, ils lieront conversation. Évidemment il leur faudra revenir plusieurs fois au même lieu pour y avoir quelques relations, inspirer la confiance à certains. Dans quelque temps, le villageois avec lequel ils auront causé des moissons, de la grêle, leur parlera de ses projets, de ses soucis, des impôts écrasants, de sa

révolte ou de sa résignation, de la terreur des Bagaudes.
Et les cordonniers, tout en tirant l'alène et maniant le fil
poissé, conteront ce qu'ils ont vu, ce qu'on dit à la ville,
Soissons ou Amiens; ils encourageront, rectifieront les
idées, compatiront aux chagrins, sans bruit, iront voir
le malade ou consoler la veuve en leur parlant de rédemp-
tion, de baptême, de vie meilleure. Ou bien, tandis que
Soissons ou Augusta des Véromandues célébrera à grand
fracas quelque fête païenne, les deux apôtres, dans un
quartier populeux, peut-être en une taverne, raconteront,
tout bas d'abord, puis à voix haute quand ils auront
gagné leur auditoire, ils raconteront des fêtes plus pures
et d'un merveilleux plus éclatant : la Nativité ou la
Résurrection, ou encore le Christ montant au ciel en
présence de ses apôtres. Et quand les foires de Beauvais,
de Senlis ou d'Amiens réuniront des citadins et des campagnards, encore sous le coup de la guerre des Bagaudes,
ils se diront les uns aux autres ce que Crépin et Crépinien leur ont enseigné; il iront secrètement trouver
Lucien, Rieule ou Firmin pour leur transmettre, avec
un message, le salut des chrétiens de jour en jour plus
nombreux...

Qu'est-ce qui détermina les deux frères à abandonner
leur vie errante pour se fixer à Soissons? L'âge com-
mençait-il à affaiblir leurs membres ou bien la communauté de Soissons, devenue importante, les retint-elle
pour la prêcher et l'administrer? C'est plus probable. Il
fut bientôt impossible aux deux apôtres de passer inaperçus. De tous les rangs de la société, on accourait à eux;
leur échoppe était le rendez-vous des lettrés à l'esprit
tourmenté comme des esclaves, des matrones de la
noblesse comme des Gauloises du peuple. Le christianisme faisait par eux des progrès inquiétants dans le
Soissonnais, et c'est pourquoi Rictius Varus avait hâte
d'interroger lui-même ces dangereux ouvriers.

Et maintenant, représentez-vous la scène que je vous
ai déjà décrite plusieurs fois; mais au lieu des splendeurs

d'Autun, du soleil d'Arles ou des fleuves de Lyon, voyez le forum d'une ville de moyenne importance, en plein cœur de l'hiver, dans l'âpre Soissonnais. Il y a foule, et toujours la même foule, pour assister au procès des chrétiens. Des flocons de neige traversent parfois l'atmosphère frissonnante qui enveloppe la ville ; riches et pauvres ramènent leurs manteaux sur leurs épaules, baissent la tête sous la rafale. Mais l'attrait du spectacle est plus fort que le froid, que la bise, que la neige. Des esclaves se glissent dans les rangs pour voir, ô stupeur, leurs maîtres au nombre des accusés ; ici, des ouvriers de tous métiers veulent assister à l'interrogatoire de deux ouvriers pour qui un préfet du prétoire a quitté les bords du Rhin ; là, de hauts personnages viennent de découvrir que dans leurs propres maisons ils étaient entourés d'esclaves chrétiens ; que tel ami qu'ils recevaient familièrement fréquentait assidûment Crépin et Crépinien ; qu'ils avaient donné à leurs fils des maîtres chrétiens. L'espionnage, la délation, la suspicion sont partout ; on n'ose plus se fier ni à son épouse ni à son père. « Le fils dénoncera son père ; le frère, sa sœur ; et la belle-mère, sa belle-fille. »

En face de cette foule, Rictius Varus, les traits durs, les yeux sombres, le geste coupant, venu pour condamner, venant de condamner, et se demandant avec effroi, si, parmi ses acolytes, ses soldats, il n'y a pas aussi de ces chrétiens, hier encore isolés, et aujourd'hui multitude croissante.

Enfin deux vieillards (car Crépin et Crépinien ont bien soixante-dix ans) attendent avec impatience le martyre qu'ils sont venus chercher en Gaule, il y a bientôt cinquante ans. Ils proclament joyeusement leur religion et confessent le Christ à haute voix ; mais le nom d'aucun de leurs compagnons, de Soissons ou d'ailleurs, ne sort de leur bouche. Vainement les bourreaux brûlent-ils leurs chairs avec des fers ardents ; vainement épuisent-ils sur ces corps les ressources de leur art infernal. Qu'il fait froid! la bise pénètre sous les vêtements et vient glacer les membres des spectateurs. Qu'est-ce donc pour les vieillards exposés nus à la morsure du gel comme à celle des fers rougis? Une idée barbare traverse soudain le cerveau de Varus : si le feu n'a pas eu raison des cordonniers, l'eau et la glace les feront peut-être parler! L'Aisne n'est pas loin, qui sous le ciel épais charrie à grands fracas des blocs de glace, et dont l'eau verte fait frissonner les plus aguerris.

Crépin et Crépinien, escortés d'une foule haineuse qui pousse des imprécations, mais suivis aussi d'une foule de fidèles qui prie en silence, sont amenés au bord de la rivière. A ces hommes enchaînés, on attache encore une meule au cou, et à l'eau, les chrétiens! Les corps précipités dans les flots, heurtés par les glaces, enfonçant sous le poids de la meule, reparaissent dans un remous. Voilà le spectacle dont païens et chrétiens ne peuvent détacher les yeux. Au bout de quelques instants, les corps des martyrs, paralysés par l'eau glacée, raidis par l'approche de la mort, disparaissent, inertes.

Mais Varus est là, qui veille. Quelle que soit sa haine contre ces chrétiens, sa cruauté, son impassibilité devant leurs souffrances, il n'oublie pas que Crépin et Crépinien sont citoyens romains, et comme tels, ont droit à une mort noble. Sur un signe du préfet, les deux apôtres agonisants sont retirés de l'Aisne; les corps bleuis par le froid, la peau fendue par la bise, sont ranimés, car les martyrs doivent sentir le coup final. Puis, à genoux devant la foule qu'ils ont évangélisée, les deux cordonniers de Soissons sont décapités.

Varus avait satisfait à la justice de l'Empire. Comme une bande de loups affamés, le sombre cortège reprend à toute allure la direction de l'ouest, plus loin, toujours plus loin, à la poursuite de ce christianisme qui monte en Gaule comme une marée d'équinoxe.

La nouvelle du martyre de Crépin et Crépinien se répandit rapidement dans la chrétienté. Tandis qu'à Rome, l'évêque des évêques dormait, soucieux des responsabilités écrasantes de sa charge, deux ouvriers lui apparurent. Aux outils qu'ils portaient, au tablier de cuir qui garantissait leurs genoux, à l'éclat doux et impérieux de leurs regards, à la noblesse du geste, il reconnut Crépin et Crépinien. « Notre tâche est achevée, lui dirent les deux apôtres; nous avons terminé notre journée. Le Maître de la vigne réclame d'autres ouvriers pour prendre notre place. »

Le Maître de la vigne n'attendit pas longtemps. Dès le lendemain, Sixte et Sinicius partaient pour la deuxième Belgique; ces futurs évêques de Reims reprenaient silencieusement l'œuvre des deux cordonniers, tandis que Rictius Varus et son escorte de bourreaux fondaient sur Amiens, patrimoine religieux de Quentin et de Firmin.

V

SAINT QUENTIN

> « Le Seigneur l'a engagé dans de
> rudes combats, afin qu'il demeurât
> victorieux, et qu'il sût que la sagesse
> est plus puissante que toute chose. »

L'hiver s'avançait quand Varus et ses séides arrivèrent enfin à Amiens, par la grande voie romaine. Bâtie sur une légère éminence au milieu d'une campagne marécageuse, mais d'une fertilité merveilleuse, arrosée par la Somme paisible et régulière qui assurait son approvisionnement, Amiens était déjà une ville importante, un grand centre.

Depuis des années déjà, deux compagnons de Denis enseignaient la parole divine en ce lieu où affluaient les riches paysans, les hauts fonctionnaires, que traversaient les légions qui tâchaient de conserver la Bretagne à Rome.

Ces deux ardents soldats du Christ étaient Firmin, évêque, et Quentin, celui que Denis nommait « le porte-drapeau de la cohorte de Dieu ».

C'est ce fier et intraitable apôtre que Rictius Varus voulait abattre, ce noble patricien romain dont il voulait bafouer l'abaissement devant les hommes. Car le païen au cerveau étroit ne pouvait admettre que le fils du sénateur Zénon eût quitté la fortune, la considération, les honneurs, pour suivre Denis et prolonger son œuvre sur les bords paisibles de la Somme.

Mais si la Somme est le fleuve le plus tranquille et le plus docile de France, si les régions qu'elle traverse s'estompent dans une buée qui adoucit les contours d'un paysage déjà calme, l'apôtre que lui envoyait Denis était le plus ardent, le plus impétueux, le plus bouillant de tous ses compagnons. Il devait se faire violence pour apporter dans sa tâche quotidienne la douceur et la sérénité dont son Maître avait dit : « Bienheureux les doux, car ils posséderont le royaume des cieux... Bienheureux les pacifiques, car ils seront appelés enfants de Dieu? »

Quentin était un Romain, c'est-à-dire un impérieux, un dominateur, un administrateur, un homme de gouvernement. Il organisa magistralement la région qui lui était confiée, d'accord avec l'évêque Firmin. Mais il ne négligea pas pour cela de propager la foi. Peut-être n'aurait-il pas su, comme Crépin et Crépinien, s'introduire dans le menu peuple, et ne faire qu'un avec lui. Fin, lettré, distingué, aristocrate jusque dans les moelles, le fils de Zénon se rapprocha des hautes classes de la société, qu'il pénétra rapidement. Son éloquence chaude et entraînante y déterminait des conversions, d'autant plus importantes que le rang des convertis leur donnait plus d'éclat. Dédaigneux de tout danger, Quentin ne cherche même pas à cacher son apostolat. Il est connu à Amiens; il y est aimé; il y est haï; il y est désiré des uns, redouté des autres. Les prêtres païens craignent cet homme, impétueux comme le vent, ardent comme la flamme, pénétrant comme une lame aiguisée... L'enquête que mène Rictius Varus de Trèves à Soissons leur a donné de l'assurance. Le pontife de Jupiter et de Mercure n'attend qu'une occasion, qu'il guette, qu'il fera naître au besoin pour dénoncer au préfet du prétoire ses deux ennemis, Quentin et Firmin.

Quentin, qui sent le danger partout autour de lui, n'en continue pas moins son œuvre; et pourtant Rictius Varus approche toujours d'Amiens, enquêtant, condamnant partout sur son passage. Platon et Chrysolus, apôtres de Tournai, trouvent le martyre non loin de là.

Le cercle infernal se resserre autour d'Amiens. Quentin et Firmin sont dénoncés à la suite de la conversion éclatante d'un décurion et de toute sa famille. Firmin trouve un asile; Quentin, moins heureux ou plus imprudent, est arrêté. Le tribunal de Varus siège à Amiens, dernier terme de sa sanglante randonnée. Les recherches pour découvrir l'évêque restent vaines. Quentin comparaît seul devant le magistrat.

Quel spectacle! D'une part, entouré de la pompe prétorienne, le juge suprême, les yeux mauvais dardant leur regard sur une victime sans défense; et d'autre part, la victime, dominant de sa distinction native, de sa supériorité morale, de l'éclat de sa sainteté, le magistrat qui a tout pouvoir sur elle, et qui, elle le sait, la condamnera. Ils sont en présence, l'accusateur et l'accusé, semblables au lion et au taureau qui se mesurent du regard avant de s'attaquer.

Varus entame le duel. Connaissant le passé de Quentin, son origine aristocratique, l'élévation de langage et la fierté d'allures de l'accusé, il fait vibrer la corde qui doit remuer jusqu'au tréfond de cette âme patricienne le levain d'orgueil que Quentin porte toujours en lui. Bien que n'ayant jamais entendu parler des péchés capitaux, Varus sait que l'orgueil surtout conduit les hommes, et n'épargne rien pour ramener la pensée de l'apôtre vers l'époque lointaine où il menait à Rome un train princier... Le nom que ses ancêtres avaient honoré, la grande influence qu'eut son père Zénon, une situation enviée, les honneurs et les richesses qui s'offraient alors à lui, se présentent d'abord confusément, à la mémoire de Quentin, comme autant d'esprits tentateurs, puis l'envahissent comme un torrent furieux qui dévaste tout.

Une flamme, peut-être, paraît dans ses yeux...

Varus poursuit son avantage : « Voilà ce que tu as quitté; et pour qui? pour quoi? Pour la société de quelques misérables sans aveu, que l'Empire rejette de son sein comme des rebelles, poursuit comme des vers qui rongent les institutions sacrées de Rome, écrase comme le scorpion venimeux; ramassis d'illuminés de basse naissance, voués aux plus honteuses superstitions. »

La flamme qui brillait dans les yeux de Quentin s'est avivée, purifiée. Une fois encore, il est vainqueur de lui-même; et avec calme :

« Servir Dieu, voilà la vraie noblesse; et l'on ne peut appeler basse superstition une doctrine qui cherche le souverain bien. »

L'orgueil a deux faces, et Varus le sait bien. Après avoir exalté les origines de l'accusé, il va le précipiter dans les bas fonds de l'humiliation. Le lion qui n'a pas peur de la mort reculera devant la honte que son adversaire va lui infliger.

« Je te ferai conduire en Italie, ta patrie, exposer partout... Ta famille, couverte d'opprobre à cause de toi, sera témoin de ton abaissement, te maudira, te crachera ton déshonneur au visage... »

La perspective de cette épreuve eût été rude pour une âme moins bien trempée. Mais Quentin est au-dessus de ces petitesses... Son maître Denis, ses compagnons Rustique et Eleuthère, ses associés Euscianus, Victorinus, Platon, Chrysolus, ses disciples Crépin et Crépinien, ont déjà souffert pour l'amour du Christ... Les rangs des missionnaires venus à la suite des sept évêques s'éclaircissent de jour en jour. Mais de chaque épi fauché naît une gerbe nouvelle. Depuis longtemps Quentin s'est offert en holocauste ; le moment est venu, simplement, de consommer le sacrifice. Lui disparu, un autre prendra sa place.

« Tu es le maître, dit-il à son juge. Pourtant, j'aurais préféré mourir ici. »

Ici, c'est au milieu de ses amis, de ses convertis, dans ce pays qu'il aime parce qu'il y a fait le bien. Désormais, Rictius ne garde plus aucun ménagement, et il traite Quentin comme il a traité les autres, à Soissons ou à Braine. Le saint héros est étendu sur le chevalet où ses membres sont torturés : loin de se plaindre, de gémir, de se rétracter, il entonne d'une voix éclatante un hymne à Jésus-Christ. Un remous de pitié, d'effroi, d'admiration, secoue la foule. Ah ! pontife de Jupiter, vous avez dénoncé ce chrétien comme faisant de la propagande, et le lit de torture où vous l'avez fait jeter devient une chaire d'où il glorifie publiquement son Dieu ! Déjà des assistants tombent à genoux, déjà des païens ébranlés se disent les uns aux autres : « Son Dieu est donc au-dessus de tous les dieux pour lui donner une telle force ? » Les bourreaux, ne pouvant arrêter son chant de triomphe, lui ferment la bouche avec de la chaux mêlée de vinaigre... Du vinaigre, comme au Christ sur la croix...

Le sort de Quentin n'est pas fixé au coucher du soleil. L'accusé, épuisé par les tortures, est ramené dans sa prison. La nuit enveloppe Amiens. Tout s'endort, tout est silence...

L'aube commence à luire, la ville s'éveille ; chacun se rend à son travail, l'esprit occupé des événements de la veille... Quel est ce rassemblement sur la place ? Un homme, debout sur un banc, harangue la foule ; on se presse, on s'étouffe autour de lui... Des passants épouvantés s'enfuient ; d'autres se jettent à genoux devant l'orateur... Cette voix... ces traits... ces paroles... Quentin ! Quentin est là, parlant au peuple ! Avons-nous donc rêvé l'horrible cauchemar d'hier ?... Non, ces membres, ce visage portent les traces de la torture... Quentin est sorti miraculeusement de prison ! Un ange lui en a ouvert les portes comme il fit jadis pour saint Pierre... Le gardien de la prison pourrait peut-être expliquer ce miracle, mais qui l'écouterait? Les païens crient à la magie ; ceux que l'attitude sublime de Quentin a déjà ébranlés la veille sont vaincus aujourd'hui : de toutes parts, ils se proclament chrétiens, adorent Jésus, demandent le baptême.

Pontife de Jupiter, voilà votre œuvre.

Rictius Varus, blessé au vif par ce qu'il prend pour une bravade, se décide à terminer immédiatement cet étrange procès. Quentin, arrêté une seconde fois, s'entend condamner à mort. Mais, avant d'exécuter la sentence, les soldats ont mission de conduire l'apôtre dans tous les lieux témoins de sa prédication, afin que les chrétiens soient spectateurs de son abaissement. Aussitôt commence le funèbre pèlerinage... Non, c'est le voyage triomphal qu'il faut dire! Partout où Quentin a jadis semé, une moisson vigoureuse a levé. Partout où il est conduit, enchaîné comme un criminel, il reçoit les marques discrètes mais indéniables, de la fidélité la plus indéfectible, non seulement à sa personne, mais surtout à la foi qu'il avait prêchée. Il pouvait partir tranquille ; l'édifice qu'il avait construit avait une base inébranlable et saurait subir les assauts des Barbares et des persécuteurs.

« Maintenant, ô mon Dieu, vous pouvez laisser aller votre serviteur en paix. » Ses forces physiques, usées par l'âge et la torture, l'abandonnent enfin, comme il entre avec ses bourreaux à Augusta des Veromandues. Les soldats ne peuvent plus traîner leur victime. Pleins de respect pour l'indomptable vieillard, ils ne l'achèvent pas brutalement, mais le préviennent avec gravité que le moment est venu pour eux d'exécuter les ordres de Varus.

Quentin, sans protester, s'abîma un instant dans une profonde prière, se préparant à rendre compte au Dieu

Un ange lui en a ouvert les portes.

qui l'avait comblé, de la gestion des trésors à lui confiés. Puis il s'agenouilla; un soldat, d'une main frémissante, dégrafa la robe, et la tête du noble martyr roula
sous le glaive. Quentin fut enseveli à Augusta des Veromandues, ville qui prit plus tard le nom de Saint-Quentin.

.   .   .   .

Après la dernière guerre, comme les hasards de la
route me faisaient voyager avec une famille de Saint-Quentin, évacuée en 1916, et qui rentrait enfin au bercail, une
fillette qui me racontait les horreurs de l'occupation,
interrompit brusquement son récit, puis d'une voix rauque, sans chercher à dissimuler sa poignante émotion :
« *Ils* ont tout pillé, madame, *ils* ont violé le tombeau de
saint Quentin ! »

Les invasions barbares qui recouvrirent la Picardie en
flots pressés : Germains, Francs, Normands, Hongrois...
la Réforme, la Révolution... que sais-je encore? Seize
siècles de bouleversements avaient respecté ce sépulcre...
Eux, non !

VI

SAINT FIRMIN

> « On n'allume point une lampe pour
> la mettre sous le boisseau, mais on
> la met sur un chandelier afin qu'elle
> éclaire tous ceux qui sont dans la
> maison. »

Retournons un instant dans le Midi, dans les Pyrénées
espagnoles. Un sénateur provincial de Pampelune, païen
philosophe et religieux, fréquentait le temple de la
déesse Diane; ce temple s'élevait hors de la ville, dans
un bois de cyprès. Dans ses courses, le sénateur remarqua
bientôt un vieillard, vêtu à la manière des philosophes

grecs, discourant avec qui voulait l'interroger, en se promenant sous les ombrages. Ce spectacle rappela au magistrat le temps de la splendeur d'Athènes, où des philosophes en pallium blanc discutaient de l'âme et de l'au-delà dans les jardins d'Academos, et l'attira vers l'inconnu. Un jour, il s'arrêta un instant pour l'écouter et ne continua point sa route vers le temple... Comme Socrate ou Platon, le philosophe parlait de l'âme, du séjour des bienheureux, mais dans des termes nouveaux et avec des conclusions absolument inattendues. L'Espagnol, sentant qu'il ne comprenait pas parfaitement cette doctrine inconnue, retourna le lendemain et plusieurs jours de suite dans le bois, écoutant attentivement l'orateur, soulevant parfois des objections immédiatement prises en considération; il rentrait alors chez lui dans un trouble inexprimable. Au bout de quelques entrevues, n'y tenant plus, il demanda : « Qui donc es-tu, toi qui parles de si grandes choses avec une sagesse si persuasive? — Honestus est mon nom; je suis né à Nîmes en Gaule. Le Dieu dont je te parle est le Dieu des chrétiens, le Dieu crucifié. »

Le sénateur avait entendu parler des chrétiens, sans connaître leur doctrine. Cette religion dans laquelle il s'instruisait depuis quelques jours était sans doute bienfaisante, puisqu'elle plongeait son âme dans un trouble délicieux et une paix profonde... Il emmena Honestus en sa maison et lui confia l'éducation philosophique et religieuse de son fils Firmin, âgé de dix-sept ans, et dont l'esprit impétueux ne pouvait que gagner à approfondir le christianisme.

Le jeune homme s'attacha rapidement à son précepteur; il devint son disciple. Ardent chrétien, il ne se contenta pas de croire et de pratiquer la religion que son maître lui avait enseignée; son éducation terminée, il ne voulut pas quitter Honestus, mais entendit partager ses travaux, ses fatigues, ses dangers. Ensemble, ils parcoururent les âpres montagnes des Pyrénées, prêchant la foi chrétienne partout où ils passaient... Cependant Honestus, déjà bien vieux lorsqu'il entreprit l'instruction de Firmin, sentit que sa tâche était terminée ; son élève était un homme, et l'on pouvait sans crainte lui appliquer la parole du Christ : « Le disciple est parfait s'il s'élève jusqu'à son maître. » Honestus voyait bien lui-même que le disciple qu'il avait formé dépasserait son maître terrestre ; qu'il avait l'âme assez haute, l'esprit assez ardent pour bondir jusqu'à son Maître céleste, et y entraîner une légion à sa suite.

Honestus, avant de mourir, adressa son fils bien-aimé à Honoratus, successeur de saint Saturnin en cette église de Toulouse, toute frémissante encore du martyre de son premier évêque... Et là, dans le secret d'une maison de prières, peut-être cette maison près du Capitole qui portait ombrage au paganisme triomphant, devant quelque table de pierre servant d'autel, à la lueur de la petite lampe romaine, au chuchotement des prières qui n'osaient encore s'élever en chants d'allégresse, Honoratus imposa les mains au jeune Firmin, l'oignit de l'huile sainte, le sacra évêque des nations et l'envoya à la conquête des Gaules. Firmin sortit de Toulouse prêtre pour l'éternité, ayant ceint ses reins de vérité, cuirassé sa poitrine de justice, chaussé ses pieds pour porter en tous lieux l'Évangile de paix.

En quittant le successeur de Saturnin, il s'enfonça dans le Plateau Central, appelant à la foi nouvelle les Gaulois du diocèse d'Austremoine. Missionnaire infatigable, après avoir touché à Bourges, il descendit la Loire jusqu'à Tours, où sa chaude éloquence fit peut-être frissonner quelques sceptiques païens, mais où certainement son ardente charité réconforta saint Gatien... Nul lieu, jusqu'ici, ne le retenait vraiment... Il partit pour Angers. Déjà, comme le murmure lointain d'une source d'eau fraîche, les douces brises apportaient à ses oreilles le bruit des miracles de Denis. Ce ne fut d'abord qu'un chuchotement presque imperceptible. Pourtant Firmin sentit son cœur frémir. Il écouta. Mille voix diverses chantaient à son esprit, de plus en plus fortement, l'œuvre de Denis, de Quentin, de Lucien, de Rieule.

L'apôtre sentit que son sort était désormais entre les mains de l'évêque de Paris. Il se rendit près du magnifique ordonnateur de la seconde Belgique, reçut de lui sa mission, comme Crépin et Crépinien devaient recevoir la leur quelques années plus tard, et se mit en route pour la vallée de la Somme. Voilà donc, après tant d'années de labeur et de voyages, le fils du sénateur de Pampelune, évêque et pasteur d'Amiens. L'âge, les fatigues de l'apostolat, les déplacements incessants, avaient un peu calmé l'ardeur de ce sang espagnol; non que son courage, sa foi, sa charité fussent en rien amoindris. Il en était de Firmin comme de ces vins généreux qui fermentent et bouillonnent, et qui, après avoir ainsi rejeté tout ce qui peut diminuer ou alourdir leur valeur, se donnent purs, à qui tend la main vers eux.

˅ Avec le recul des siècles, la vie de l'évêque d'Amiens se confond pour nous avec celle de Quentin, son admirable second dans l'évangélisation de la Picardie. Quentin prêchait et organisait, Firmin prêchait et administrait.

Et nous arrivons ainsi à cette année sanglante de 288. Firmin était trop expérimenté pour douter un instant du sort qui l'attendait, lorsqu'il vit Varus se mettre en route, en dépit de la saison, du froid, des chemins difficiles. En apparence, sa vie ne changea pas. Il continuait de réunir les fidèles et de leur prêcher la parole de paix cependant que Macra expiait le crime d'abriter des chrétiens chez elle. Il offrait le pain et le vin, imposait les mains aux prêtres et administrait les sacrements, tandis que Rufin et Valérien agonisaient à Braine. Il encourageait les veuves, secourait les orphelins, visitait les pauvres et les prisonniers, alors qu'à Soissons se jouait le drame du martyre de Crépin et de Crépinien.

L'escorte prétoriale approche; elle n'est plus qu'à quelques étapes d'Amiens... Firmin et Quentin sont dénoncés pour les conversions qu'ils font... Les sabots des chevaux résonnent sur la grande voie romaine... Des fidèles accourent sans bruit dans la ville, préviennent avec angoisse les deux apôtres de l'imminence du danger. De toutes parts, on les conjure de se cacher, de se dérober à la persécution, pour le plus grand bien de tous. Firmin finit par céder. Pour Quentin, il était trop tard, nous l'avons vu : on l'avait arrêté.

Où donc était Firmin pendant que la police et les soldats fouillaient toute la ville sans le découvrir? Je ne sais. Mais parfois il me semble, au crépuscule, voir glisser silencieusement sur l'eau tranquille quelque barque plate, une barque semblable à celles de ces maraîchers qui apportent au marché d'Amiens les légumes et les fruits des hortillonnages... La barque s'éloigne dans la brume, vient aborder en quelque îlot perdu; une cabane de roseaux s'y confond avec la végétation des marais; des oiseaux sauvages qui pêchaient là s'enfuient en poussant des cris inharmonieux... Un homme, ou deux, descendent de l'embarcation et, entrant dans la hutte primitive, s'agenouillent devant un vieillard aux traits ravagés par l'angoisse. Après avoir reçu la bénédiction de l'évêque, ils déposent dans un coin quelques provisions, du bois pour le feu; à voix basse, ils donnent les nouvelles du grand procès d'Amiens. Les yeux voilés par les larmes, Firmin entend le récit des tortures de Quentin, de son héroïsme, de sa délivrance miraculeuse, il apprend sa condamnation et cet exode entre ses bourreaux partout où il prêcha. La nuit s'est faite complète dans la cabane; les envoyés se sont tus, et le silence règne.

Mais Firmin n'oublie pas que ces deux chrétiens risquent leur vie pour lui. D'une voix ferme, il donne les instructions, les encouragements que l'évêque traqué envoie à son troupeau. Et avant que l'aube pâle ait paru, l'humble plate, se frayant un chemin à travers les joncs et les nénuphars, se dérobe et rentre impassible chez quelque maraîcher gaulois.

C'est ainsi que je me représente la retraite introuvable de l'évêque d'Amiens.

Mais un jour de printemps, la barque se faufile plus craintive que jamais au milieu des grandes herbes, sous le ciel timide du nord, parmi le vol silencieux des libellules et les plongeons des grenouilles. A peine les pieux messagers ont-ils pénétré dans la cabane que Firmin pâlit : « Mes frères, parlez... qu'y a-t-il? — Seigneur, le noble Quentin... » Déjà l'évêque a deviné. « Où cela? que savez-vous? »

Alors les fidèles font brièvement le funèbre récit : les bourreaux de l'apôtre sont revenus à Amiens rendre compte aux magistrats de leur mandat. Un chrétien, envoyé secrètement d'Augusta des Veromandues, a fait à l'Église d'Amiens le récit de la fin du martyr et de ses discrètes funérailles. Firmin écoute, la tête baissée, comme perdu en une rêverie profonde.

Quand la barque reprit sa course mystérieuse, elle comptait un voyageur de plus. Quentin mort, l'évêque se reprochait d'avoir fui la persécution, rentrait à Amiens, et la tête haute, se présentait aux magistrats exécuteurs des ordres de Varus.

Le préfet du prétoire reparti, les passions s'étaient peu à peu calmées, comme la mer quand la tempête a cessé. Firmin revendiquant hautement sa qualité d'évêque de la ville, ce *complice* de Quentin, ce promoteur de ces conversions qui avaient fait éclater la foudre, ne pouvait pas ne pas être condamné. Mais du moins ses juges, plus humains que Varus, lui épargnèrent la torture de l'exposition sur le forum à la curiosité malsaine de la foule. Dans le silence de la prison, Firmin entendit lire sa sentence de mort; il s'agenouilla, et dans cette posture à la fois humble et fière, reçut le coup mortel.

Il fut presque aussitôt suivi dans la tombe par deux autres disciples de Denis.

Fuscinius et Victorinus, apôtres de Thérouanne, avaient trouvé asile pendant la persécution chez un païen des environs d'Amiens. Ce Gaulois au noble cœur avait accueilli les deux chrétiens, et juré de les protéger envers et contre tous. Fuscianius et Victorinus furent, hélas! bientôt découverts, et les Romains envahirent leur refuge. Mais leur vaillant protecteur se plaça comme un bouclier entre les chasseurs et le gibier. Entouré de toutes parts, il tira l'épée pour défendre les chrétiens. Accablés par le nombre, tous trois tombèrent ensemble entre les mains des soldats, furent jugés ensemble, condamnés ensemble, martyrisés ensemble.

Et c'est ainsi qu'un païen souffrit pour le Christ en compagnie de deux apôtres.

VII

SAINTS LUCIEN ET RIEULE

> « Que celui qui est le plus grand soit
> comme le plus petit. »

La grande tourmente qui balaya le nord de la Gaule ne devait épargner aucun des compagnons de Denis. Rictius ne parut pas au sud d'Amiens, mais des magistrats se trouvèrent pour exécuter ses instructions. Dans la vallée de l'Oise, entre Lutèce et Amiens, étaient deux centres importants, Senlis et Beauvais. Saint Denis avait imposé les mains à Régulus, ou Rieule, et l'avait mis à la tête de la communauté de Senlis. Lucien, simple prêtre partit pour Beauvais.

Ces deux apôtres, venus avec Denis, étaient Italiens et unis par une profonde amitié. Remarquez bien que tous les apôtres dont je vous ai parlé jusqu'ici ne sont pas Gaulois. Si les chrétiens étaient déjà nombreux en Gaule, la sève chrétienne de notre pays n'était pas encore assez vigoureuse pour produire des missionnaires. Il fallait que Rome lui insufflât encore du sang de martyr pour féconder notre sol. Mais ces Italiens venus chez nous, nous les avons assimilés au point de ne plus les distinguer des chrétiens gaulois ; et eux-mêmes, bientôt, ne faisaient plus qu'un cœur et qu'une âme avec ces Gaulois fiers et loyaux qui venaient se ranger sous l'étendard du Christ.

Lucien possédait au plus haut degré l'esprit d'austérité et d'humilité. Sous le climat humide et froid de Beauvais, il ne changea rien à un ascétisme presque oriental. Il couchait sur la pierre nue, nous disent ses Actes, et ne mangeait que des herbes cuites à l'eau. Cette austérité, qu'allaient bientôt pratiquer les moines de la Thébaïde, frappa vivement l'imagination des Gaulois. C'est que, en France, surtout dans la France du nord, une nourriture solide, un lit sinon confortable, du moins chaud, ne sont pas un luxe mais une nécessité. Lucien faisait fi des nécessités de la vie comme il bravait les intempéries. Son zèle ardent lui tenait lieu de tout le reste. Aussi les habitants de Beauvais, séduits par son éloquence, émerveillés par ses mœurs, entraînés par son exemple, désertaient-ils, nombreux, les temples des idoles, pour suivre cet homme étrange qui méprisait tout sur terre, hormis « ces petits » que Dieu lui avait confiés. Bientôt, il se vit à la tête d'une véritable Église. Mais ce fut en vain que les fidèles prièrent leur pasteur de prendre le titre d'évêque, et de recevoir l'investiture d'un évêque voisin. Lucien considérait la grandeur d'un Denis, d'un Firmin, d'un Saturnin, et il se trouvait si petit auprès d'eux, qu'il refusa toutes les avances de ses diocésains.

Arriva le temps d'épreuves, le temps où le Seigneur vannait son grain pour séparer le bon d'avec le mauvais... Rictius Varus, son ennemi, fut ainsi son instrument, puisque ce fut par lui que se fit le départ entre les élus et les réprouvés.

La persécution se rapprochait sans cesse de Beauvais. Les nouveaux chrétiens, effrayés du danger, se serraient contre Lucien comme des brebis pendant l'orage se pressent autour du berger.

Voyant la puissance et la responsabilité que lui donnait la confiance de son peuple, Lucien comprit quelle faute il avait commise en refusant l'épiscopat. Être évêque n'est pas un vain titre en temps de persécution : l'évêque est pour les fidèles le chef vénéré ; pour les oppresseurs, le chef responsable. Il ordonne et son peuple obéit ; il parle haut et ferme aux magistrats, et d'égal à égal... Poste dangereux, fonction sublime entre toutes. Voilà ce que Lucien avait refusé : pour avoir craint d'être à l'honneur il risquait de ne pas être à la peine.

Alors, il envoya un message secret à son ami Rieule, évêque de Senlis : « Hâte-toi vers Beauvais, mon frère, lui faisait-il dire. Viens m'imposer les mains et me faire évêque de cette ville, car notre temps d'épreuves arrive. »

Il n'y a pas bien loin de Beauvais à Senlis, et de forêt en forêt, le messager arriva près de l'évêque. Il trouva Rieule dans une profonde angoisse pour Senlis, et abîmé dans la prière. O saint Rieule ! premier évêque de Senlis, voyez-vous dans l'avenir toutes les tristesses, toutes les invasions, toutes les destructions, qu'au cours des siècles subira votre ville épiscopale ? Voyez-vous ces femmes, ces enfants, poussés devant eux par des soldats allemands sans pitié ? Voyez-vous ce mur devant lequel de nobles magistrats tomberont sous les balles prussiennes ? Voyez-vous le pillage et l'incendie de cette riante cité ?

Rieule priait Dieu avec ferveur de détourner le calice de son diocèse, quand le messager, trempé par le givre et le brouillard dans sa traversée des forêts, présenta la lettre de Lucien. Le saint évêque n'hésita pas : le pouvoir qu'implorait Lucien pour attirer sur soi les foudres prétoriennes, il lui appartenait de le lui conférer. Il prit simplement son bâton et l'huile sainte, et partit immédiatement avec le guide à travers les bois, les marais, les fondrières, fuyant les lieux habités où déjà perquisitionnaient les Romains.

Il ne s'était écoulé que quelques jours entre le moment où le messager de Lucien quitta Beauvais, et celui où Rieule y pénétra. Mais quel bouleversement en ce court espace de temps. De tous côtés, des gens qui pénètrent en force dans les maisons, les fouillent librement, tandis que des postes montent la garde ; des citoyens malmenés dans les rues, expulsés de leurs villas ; des groupes de chrétiens enchaînés que l'on conduit en prison... Le désordre organisé partout.

L'évêque de Senlis, saisi à ce spectacle d'un horrible pressentiment, écoute, questionne les boutiquiers qui, du pas de leurs portes, assistent, animés ou abattus, à ce déchaînement de la force brutale. « Quoi ! s'écrie l'un d'eux, êtes-vous donc si étranger à cette ville que vous ne sachiez que le préfet de la province, Julianus, est arrivé hier pour enquêter sur les chrétiens et châtier tous ces rebelles à l'Empire ? » Son visage scrutateur dévisage l'évêque. « Je suis en effet étranger, répond Rieule frémissant, et n'étais venu à Beauvais que pour quelque affaire. » Il se dérobe à la faveur de la foule, il hésite, il n'ose trop interroger : s'il s'adresse encore à un païen, « son langage peut le faire reconnaître, » comme Pierre chez Caïphe ; s'il s'adresse à un chrétien, il craint de le compromettre... Que faire ? Comment arriver à Lucien ?

Cependant, la foule continue à grossir dans les rues et sur les places. « Mort aux chrétiens ! » hurlent des groupes à moitié ivres. « Chez Lucien ! à mort ! » D'autres groupes les croisent, un peu dégrisés. « Lucien a fui ! il n'est pas chez lui ! »

Rieule ne cherche pas à en savoir davantage... Lucien a fui... Où ? Nul ne le sait. Trop tard il a demandé l'imposition des mains... Trop tard son ami est arrivé... Sa mission à Beauvais a échoué ; désormais, *tout* son devoir est à Senlis, également menacée... L'évêque, la mort dans l'âme, quitte immédiatement la ville où il est en danger, et reprend par les épaisses forêts la route de Senlis.

Malgré la soudaineté de l'apparition de Julianus, les

chrétiens de Beauvais, sur leurs gardes, avaient déjà pris quelques mesures de sécurité : les vases sacrés, les Écritures, avaient disparu dans des cachettes mystérieuses; les assemblées régulières, les prêches, n'avaient plus lieu. Et surtout, on avait éloigné du foyer d'incendie le chef, Lucien. La tristesse au cœur, l'apôtre de Beauvais était parti par un sombre matin d'hiver; il n'était pas seul : deux jeunes garçons qui l'assistaient dans l'exercice du culte, qu'il instruisait, sur qui il fondait de grandes espérances, partageaient sa fortune. Guidés par des hommes sûrs, ils suivirent le cours du Thérain, la rivière de Beauvais. Ils ne voyageaient point sur les routes, mais dans les bois dépouillés ou les champs embrumés par l'hiver, par des sentiers détournés et peu fréquentés. Ils s'acheminaient ainsi péniblement vers une petite colline, qu'on appelait dans le pays la montagne d'Amnis. Là, ils étaient assurés d'un refuge; mais encore fallait-il y arriver. Dans la contrée terrorisée, on ne pouvait se fier à personne : la désolation était dans l'air.

Enfin, voilà la montagne, l'asile, la sécurité! Déjà Lucien et les deux enfants font monter vers le ciel des actions de grâce, lorsque trois soldats s'élancent sur eux, l'épée à la main. Il en surgit de tous côtés, des bosquets dénudés, des moindres replis de terrain... Les fugitifs avaient été dénoncés... On faisait le guet, on les attendait sur cette montagne qui devait les dérober à tous. Une lutte s'engage, courte et inégale : d'un côté, un vieillard et des enfants; de l'autre, des soldats en armes. Les jeunes garçons, dit la légende, tombèrent sous les coups des Romains. Le prêtre Lucien, solidement garrotté, fut ramené le long du Thérain jusqu'à Beauvais où l'attendait un juge inflexible.

L'ascète qui vivait de quelques herbes et couchait sur la pierre, l'apôtre qui avait refusé d'être élevé au rang d'évêque, comparut devant Julianus. D'une voix calme, il confessa tout ce qu'il avait fait : oui, il avait prêché la religion chrétienne à Beauvais; oui, par ses soins, les conversions s'étaient multipliées; oui, son influence avait fait déserter les temples des idoles pour le sacrifice offert au Dieu vivant; oui, il était le chef incontesté de l'Église de Beauvais; oui, il avait cherché à se cacher pendant les perquisitions, pour reprendre son œuvre au premier jour... Ces aveux équivalaient à une condamnation. Julianus prononça la sentence sans appel, la peine de la décapitation.

De tous les compagnons de saint Denis, il ne restait qu'un survivant : Rieule (ou Régulus), évêque de Senlis, qui désormais joignit à son troupeau le troupeau de Lucien à Beauvais.

SIXIÈME RÉCIT

SAINTE REINE

« Le Roi est épris d'amour pour votre
beauté... Les plus riches du peuple
rechercheront votre faveur. »

I

L'histoire des compagnons de saint Denis nous a
entraînés un peu loin. Revenons en arrière, vers l'époque
où les sept évêques partirent en mission; revenons dans
cette Bourgogne âpre et saine où Bénigne planta la vigne
du Père de famille. Détournons-nous un instant des
grandes et austères figures d'apôtres que nous avons
accompagnées dans le nord, et écoutez l'histoire d'une
pure et jeune Gauloise, dont la Bourgogne vénère la
mémoire.

Nous l'appelons Reine, mais d'après ses Actes, ce n'est
là qu'un surnom. Elle avait comme ancêtre romain un
chevalier, général de César; et comme ancêtre gauloise la
sœur d'un compagnon de Vercingétorix. L'union des deux
familles, des deux races, se fit au lendemain du grand
désastre national. Lucius Clementinus, le vainqueur,
demeuré à Alésia pour raser les fortifications, combler les
fossés, recevoir la soumission des habitants et construire
une ville romaine sur la forteresse gauloise, Lucius Clementinus fut à son tour vaincu par le charme et la beauté
d'une fille de Gaule; il l'épousa, et pour elle, se fixa à
jamais dans un pays qu'il jugeait barbare et sauvage, s'y
installa en grand propriétaire campagnard, et y construisit
une de ces somptueuses villas qui ne le cèdent à peu près

en rien aux plus confortables maisons modernes et que les fouilles d'Alise exhument en partie.

Trois cents ans ont passé. Le descendant du chevalier romain s'appelle, lui aussi, Lucius Clementinus. Il est riche, influent et considéré dans le pays. En hiver, il occupe sa villa d'Alésia, où il brave le froid des rudes hivers grâce aux conduites d'eau chaude qui tiédissent les pièces, aux tentures qui les défendent du vent. Pour l'été, il s'est fait construire, à quelques lieues dans la campagne, une maison-forte d'où il surveille ses champs. Il s'est marié avec une riche jeune fille du pays ; bientôt, un héritier viendra égayer la maison, et dans quelques années, invoquera aux côtés de son père, les dieux gaulois et les dieux romains qui pullulent au foyer. Ce fut une fille qui naquit, et ce jour même, la mère mourut. Profondément affligé, Clementius remit l'enfant nouveau-née à une vigoureuse nourrice, avec mission d'élever la fille de Lucius.

A tout ce qu'on peut exiger d'une nourrice, cette femme ajoutait une qualité : elle était chrétienne. Peut-être Clément le savait-il ; les chrétiens traversaient une période de calme et n'avaient pas à se cacher. En tous cas, il n'y attacha aucune importance.

« Comme des enfants nouveau-nés, désirez ardemment le lait spirituel », chantons-nous le dimanche de Quasimodo. Reine, avec le lait de sa nourrice, buvait sans s'en douter, le lait spirituel. La nourrice s'était passionnément attachée à l'enfant sans mère, et en secret, profitant de cette éducation de fillette riche confiée à des esclaves, elle lui enseigna peu à peu les vérités religieuses. L'enfant, douce et contemplative, écoutait avidement des leçons qui répondaient à ses aspirations ; elle en profitait si bien, disent ses Actes, qu'à neuf ans, elle mérita d'être baptisée.

Vous vous étonnez sans doute qu'une enfant ait ainsi pu recevoir chez son père une éducation chrétienne à l'insu de celui-ci. A la réflexion, le fait est moins anormal qu'au premier abord. Clément habitait à Alise une spacieuse villa où, certainement, sa vie était complètement séparée de celle de sa fille ; même dans les familles les plus unies, l'enfant n'était pas, comme de nos jours, mêlé à la vie de ses parents. Si Reine eût été un garçon, l'héritier, son père l'eût peut-être associé davantage à sa propre existence, mais une fille... Elle n'avait qu'à grandir dans la partie de la maison réservée aux femmes, apprenant peu à peu à gouverner ce monde d'esclaves ou d'affranchis qui l'entourait. Reine était une provinciale, appelée simplement à être maîtresse d'un foyer où elle entretiendrait la flamme sacrée. Elle passait probablement l'été à la campagne, encore plus séparée de son père, qui parcourait ses domaines pour en assurer la bonne gestion.

Et c'est pourquoi il est très vraisemblable que l'enfant ait pu sans difficulté connaître les Écritures et recevoir le baptême à l'insu de son père. Elle était encore fillette, quoique son esprit mûrit avec une rapidité extraordinaire, lorsqu'un jour, elle vint trouver sa nourrice, à qui elle aimait à se confier : « Mère chérie, je viens te dire à quelle résolution je me suis arrêtée. »

L'enfant était grande déjà, et tout faisait prévoir chez elle cette beauté qui lui sera si funeste ; surtout, une telle flamme brillait dans ses yeux bleus que la femme du peuple sentit qu'ils dénotaient une volonté inflexible.

« J'ai songé, continua Reine, à tous les bienfaits dont Jésus m'a comblée depuis ma naissance, me donnant pour nourrice une chrétienne qui m'a appris à le bénir, me rachetant par son sang, se donnant à moi dans la communion... Que faire en retour? Ma mère, ma nourrice, j'en fais le serment, je n'aurai jamais d'autre époux que Lui.

— Que dis-tu, ma fille ?

— Je lui ai consacré ma vie qui se passera tout entière à l'adorer et à faire sa volonté ! »

La nourrice regardait l'enfant qu'elle avait élevée. Certes, son cœur de fervente chrétienne ne pouvait qu'approuver une si sainte résolution. Mais lorsque Clément l'apprendrait, quelle ne serait pas sa colère contre sa fille unique et contre celle qui l'avait instruite. La malheureuse frémit.

« Mon enfant, dit-elle enfin, si tu t'es librement engagée avec Notre-Seigneur Jésus-Christ, je respecte ton vœu. Mais pour l'amour de ton divin fiancé, pour l'amour de la pauvre femme qui t'a appris son nom, cache-le au seigneur Clément. Tu es encore trop jeune pour qu'il songe à te marier ; peut-être un jour Dieu touchera-t-il son cœur, et pourras-tu lui révéler ton engagement sans l'irriter ; mais d'ici là, silence ! »

Reine comprit la prudence de ce conseil, et garda le secret jusqu'au jour où le drame de sa vie l'obligea de tout dévoiler.

II

Elle avait environ quinze ans et était dans l'épanouissement de sa beauté lorsque le proconsul Olibrius vint inspecter Alésia.

Encore un nom qui va vous faire sourire ; vous ne sourirez pas longtemps, et vous comprendrez bientôt comment ce nom est devenu synonyme de personnage aux idées absolues et changeantes.

Alésia occupait exactement la même place comme ville romaine que comme ville gauloise. Située sur un plateau, elle dominait la vallée où s'était jouée la liberté des Gaules ; vallée des Laumes, vallée des larmes ; Lucius Clementinus occupait probablement un poste éminent à Alésia, car nous voyons que c'est lui qui reçut le noble Olibrius, lui fit les honneurs de la ville et lui offrit une fête en sa maison de campagne de Grignon. Sans doute, les dimensions de cette propriété et la saison se prêtaient-elles mieux à de fastueuses réceptions que la villa d'Alésia. Pour les Romains, sous tous les climats, les vraies fêtes avaient lieu en plein air.

Clément n'épargna rien pour donner à son hôte la plus haute idée de sa richesse et de son loyalisme. Mais bientôt, Olibrius n'eut d'yeux, d'oreilles, que pour la jeune héritière qui paraissait pour la première fois dans une fête. Elle avait quatorze ou quinze ans, sa beauté de Gauloise se nuançait d'un rappel du sang romain de son père. Mais surtout la vierge chrétienne avait sous ses riches parures une réserve, une modestie, auxquelles le magistrat n'était point accoutumé, et qui l'attira. Il alla vers elle, la salua, lui parla. Le langage de Reine répondait à son extérieur; sans timidité, elle se tenait pourtant sur la défensive, redoutant d'instinct les avances de ce grand seigneur. Et ce qu'elle pouvait craindre arriva.

Olibrius, ayant fini d'inspecter la ville et la province, partait pour les bords du Rhin sans cesse en émoi à cause des tentatives réitérées des Germains pour passer le fleuve. Mais avant de faire ses adieux à Clément, il eut avec lui un entretien secret et lui dévoila son amour pour Reine. Clément, en bon et riche père de famille, rêvait pour sa fille un mariage qui l'unît à quelque puissante famille; mais jamais il n'eût songé à si haute alliance. Bien entendu, il ne consulta pas la future fiancée; ce n'était pas l'usage; une fille n'avait qu'à obéir à son père. Aussi n'hésita-t-il pas à promettre à Olibrius que lorsqu'il reviendrait de Germanie, Reine lui appartiendrait.

III

Ce fut donc en se berçant des rêves les plus heureux que le proconsul s'éloigna, remplit sa mission, et revint au bout de deux ans pour célébrer ses noces. Tout frémissant, l'esprit encore plein de la grâce et de la pureté de la jeune fille, il arriva chez Lucius Clementinus et s'arrêta, frappé de stupeur. Quel changement chez le riche

Alésien ! Pourquoi ces traits ravagés, ce rictus douloureux à la bouche, le désespoir et la rage impuissante dans les yeux ? Qu'est-il arrivé ? Reine...

Clément, bouleversé, tremblant de ce qu'il lui faut dire, raconte à celui qu'il regarde comme son gendre, son dernier entretien avec Reine. Pendant l'absence d'Olibrius, il avait doucement préparé la jeune fille à l'idée de ce mariage, lui parlant des mérites, de la puissance, du grand renom de leur hôte de naguère. Reine écoutait respectueusement sans répondre, sans soulever aucune objection. Clément avait laissé ainsi la perspective de l'union projetée s'épanouir dans ce jeune cœur (du moins il s'en flattait). Enfin, voyant approcher le terme fixé par le fiancé, il avait annoncé ouvertement ses intentions à son héritière. Hélas ! quelles n'avaient pas été sa douleur et sa colère lorsque Reine, toute pâle, toute tremblante, mais résolue, lui avait répondu : « Mon père, vous me voyez désespérée de vous contrarier, désespérée d'opposer un refus à la démarche flatteuse du noble Olibrius ; mais je ne puis l'accepter comme époux ! » Clément, stupéfait de ce langage inouï, avait alors demandé à cette fille si hardie de quel droit elle parlait ainsi.

« Ah ! seigneur, s'écria le malheureux père, si vous saviez ce qu'il me fallut apprendre de la bouche de cette enfant dénaturée : « Mon père, répondit-elle avec un « calme qui m'irrita, pardonnez-moi d'avoir attendu jusqu'à « ce jour pour vous dire ce que je suis, quel vœu j'ai con- « tracté. Je suis chrétienne, chrétienne de toujours, grâce « à la noble femme qui m'a nourrie ; et dès que je fus assez « âgée pour comprendre ce qu'est un serment, je m'engageai « secrètement, mais complètement, à ne jamais contracter « d'union sur terre ; je me liai indissolublement à Jésus- « Christ, mon Dieu. C'est Lui mon époux ; je n'en con- « naîtrai jamais d'autre, dussiez-vous me tuer ! »

... Je n'essaierai pas de vous décrire la scène épouvan- table qui suivit cette déclaration. La maison en trembla ; les murs se renvoyèrent l'écho des injures et des blasphèmes dont le père ulcéré abreuvait sa fille et son divin Époux. Les esclaves affolés se cachaient dans les coins les plus obscurs ; la nourrice, qui avait distingué son nom au milieu des éclats de la colère de Clément, n'essaya même pas d'entrer pour se justifier et protéger sa fille. Elle s'enfuit, tout son courage l'avait abandonné ; elle s'enfuit, laissant l'enfant seule tenir tête à la colère aveugle du païen.

Pauvre petite ! Ni sa frayeur, ni ses larmes, ni sa beauté ne trouvèrent grâce devant la fureur du père. Injuriée, battue, elle se vit enfin enfermée dans une sombre prison, soumise au régime des esclaves rebelles.

Tel fut le long et pathétique récit que Clément fit à Olibrius consterné. Cependant, celui-ci ne pouvait admettre une si étrange conception de la vie : prendre pour époux un Dieu invisible !... Il ne comprenait pas ; et ne comprenant pas, il se flatta d'amener Reine à des sentiments plus conformes à la nature et à son désir à lui. Surmontant la secrète irritation qui naissait dans son cœur, il pria Clément de faire venir sa fille à Alésia et de leur réserver un entretien. Un peu réconforté en voyant que le puissant Olibrius ne le brisait pas dans sa fureur, le malheureux père reprit quelque espoir. Une escorte s'en fut chercher Reine pour la ramener à Alésia.

Où était-elle ? Ses Actes disent : à Grignon, dans une tour de la maison de son père. D'autre part, j'ai vu dans la vieille abbaye de Flavigny, à quelques lieues d'Alise, un souterrain qui pouvait fort bien servir de prison ; là sont plusieurs gros piliers massifs ; dans l'un d'eux est rivée une chaîne. C'est dans ce réduit, dit la tradition de Flavigny, que sainte Reine fut enfermée pour son refus.

IV

La voilà revenue chez son père, entourée de ses femmes, de ses esclaves, qui la revêtent de ses plus riches atours, couvrent modestement sa tête d'un léger voile.

Qu'elle est belle, transfigurée par le pressentiment qu'elle va souffrir pour son Dieu, alanguie par sa dure captivité, fortifiée secrètement par son divin époux.

« Parée de votre gloire et de votre beauté, avancez, marchez victorieusement, et régnez. »

Olibrius, à la vue de tant de charmes, de grâce, est plus épris que jamais ; la jeune chrétienne est maîtresse de son cœur ; il veut à son tour la conquérir. Sur son ordre, une fête somptueuse est offerte, non à la jeune fiancée, mais à la population tout entière ; fête romaine, pleine de faste et de luxe. Alésia, petite ville de province, n'était pas accoutumée à un tel étalage de splendeurs. Les Gaulois, éblouis, enivrés, transportés de joie, d'allégresse, acclamaient tout ensemble Olibrius, Clément et sa fille, qu'ils proclamèrent reine... C'est sous ce surnom qu'elle nous est connue. Reine, calme et grave au milieu de la joie générale, restait absorbée. Mais si Clément, terrifié par les derniers événements, observait à la dérobée le visage fermé de son enfant, Olibrius, tout à sa joie, à son triomphe, ne doutait pas de sa victoire : vaincue par une telle magnificence, Reine se donnerait à lui tout à l'heure.

Un somptueux festin réunit quelques invités dans la villa de Clément. Alors le proconsul présente à la jeune Gauloise les bijoux les plus précieux, les plus délicats, ceux qui rehausseront l'or de ses cheveux, feront valoir la finesse de son cou, son teint pâli par la réclusion, qui scintilleront à ses doigts et à ses poignets.

Sans animosité, mais d'un geste ferme, Reine repousse les parures dont le Romain lui fait don. Fou d'amour, comprenant que c'est lui qu'elle veut et non ses présents, excité par la joie populaire, enivré par le festin, Olibrius s'incline devant Reine, et d'une voix assurée, lui demande sa main et sa foi. Reine pâlit. Cette fois, le sort en est jeté, son destin est fixé... et elle n'a que dix-sept ans...

« Seigneur Olibrius, dit-elle à voix basse, en retirant la main qu'il cherchait à saisir, je ne devrais éprouver que

Puis sa fureur éclate terrible.

de la joie, de la fierté, en entendant les paroles que vous daignez m'adresser. Toute autre que moi ne songerait qu'à l'honneur de s'unir à un illustre et puissant personnage. Mais je ne puis, seigneur, vous écouter plus longtemps. La fille de Lucius Clément n'est pas libre. Chrétienne, j'ai depuis longtemps engagé ma foi à mon Dieu; fiancée de Jésus, j'attendrai le temps qu'il lui plaira, jusqu'au jour qui verra nos noces en Paradis. »

A ce discours inouï, Olibrius se redresse; un éclair de cruauté luit dans ses yeux; un rictus mauvais remplace sur ses traits l'ardente supplication de tout à l'heure; il pâlit, il rougit, ses veines se gonflent; un instant encore, il garde le silence, puis sa fureur éclate, terrible. Clément, qui assistait en frémissant à cette scène étrange, voit fondre sur lui la colère du magistrat. Pourquoi n'a-t-il élevé Reine dans l'obéissance qu'une fille doit à son père? Pourquoi l'a-t-il laissée s'entourer de chrétiens qui ont corrompu son esprit? Pourquoi n'a-t-il pas, dès le premier jour, brisé le vœu fantaisiste d'une enfant pour imposer sa volonté? Une telle incurie, une telle faiblesse méritent un châtiment exemplaire... Néanmoins, Olibrius veut bien attendre trois jours encore; mais si, ce délai écoulé, le père n'a pas fléchi l'entêtement de sa fille, si Reine ne vient pas, humble et repentante, sacrifier aux dieux de ses pères, renier le Christ et épouser Olibrius, alors Clément, dépouillé de tous ses biens, se verra réduit à la misère, heureux si l'on veut bien lui laisser la vie.

Et le magistrat romain, ivre de fureur et de vanité blessée, quitte la salle de festin où Clément demeure seul... seul, car Reine a disparu.

V

Que s'est-il passé? Là, les Actes sont muets; mais grâce à la tradition, il nous est facile de reconstituer cette partie du drame.

Nous sommes en été, au début de septembre; le soleil brûlant a disparu derrière la montagne, mais l'air surchauffé circule à peine dans la salle où Clément reçoit magnifiquement son futur gendre. Représentez-vous la table chargée de vaisselle précieuse, de mets délicats, les vins capiteux dans les coupes d'argent, les lits sur lesquels les convives sont étendus, couronnés de fleurs, les esclaves qui s'empressent, versant à boire, apportant volailles, poissons et fruits, ou jouant doucement de quelque instrument de musique. Puis brusquement, après la fière déclaration de Reine, la fureur d'Olibrius remplissant d'effroi la salle ornée de feuillages et de festons, électrisant l'atmosphère embrasée; les coupes renversées, le vin qui coule, les fleurs foulées aux pieds, les poteries en éclats, les lits bouleversés, les esclaves fuyant ou se terrant en quelque encoignure, les bijoux méprisés gisant à terre, Olibrius, violet, apoplectique, vomissant les pires injures au malheureux Clément atterré.

Et Reine? Pauvre oiseau épouvanté dans la tempête! Elle a été brave, elle a tenu bon, elle a confessé sa foi et son vœu; elle est prête au martyre, mais non au déshonneur. Est-il défendu de fuir pour se soustraire à ces horreurs? Toute palpitante d'effroi, elle profite du désordre pour se glisser hors de la salle; secondée par les serviteurs, elle quitte la maison paternelle et s'enfonce dans la nuit. Alésia retentit encore de la fête; les cris et les chants s'élèvent de toutes parts. L'enfant frémit, se détourne et se sauve à travers la campagne. Où? Elle n'en sait rien. Elle va, errant au hasard, tremblante; où se cacher? Où chercher un refuge? Qui donc aura pitié d'elle? Déjà l'aube de septembre luit au ciel... Un petit bois s'offre à sa vue... Trois ormes, dit la tradition. Trois ormes touffus, c'est assez pour dissimuler une jeune fille. Un misérable est couché à leur ombre. Reine a un frisson : les lèvres tuméfiées du malheureux, sa peau crevassée, ses yeux rougeâtres, ses doigts mutilés révèlent la maladie redoutée entre toutes : la lèpre! Il glisse un regard morne vers la fugitive. Celle-ci, dominant sa répulsion, glisse une aumône dans l'horrible main, pour acheter le silence du mendiant, et se perd dans le feuillage épais des ormeaux. Il n'est que temps ; déjà l'on entend le galop d'une troupe à cheval ; déjà la poussière s'élève autour de ceux qui cherchent la pauvrette... Reine, terrifiée, n'ose plus respirer. Les cavaliers arrivent près des trois ormeaux ; ils interrogent le lépreux ; sans distinguer les paroles, elle ne comprend que trop le but de leurs questions. Le lépreux, d'abord, ne semble pas saisir... Il ne la trahira pas ! Il sera bon... Dieu a pitié d'elle... Qu'est-ce que ce cavalier montre avec insistance ? Une pièce d'or ! La main difforme se tend vers la monnaie étincelante ; un éclair traverse les yeux mornes, un sourire distend les lèvres ulcérées ; un mot, un seul, s'en échappe... Aussitôt, les trois ormeaux sont cernés, fouillés, et Reine, bientôt découverte, hissée sur un cheval, est ramenée grand train dans la maison d'Alésia !

Pauvre petite ! Elle a tout fait pour fuir un destin implacable, et pour la troisième fois, l'horrible alternative se dresse devant elle : parjure ou martyre. Elle choisit le martyre.

VI

C'est en vain que Clementinus la menace et la supplie tour à tour, qu'il gémit ou qu'il blasphème, qu'il la caresse ou la frappe. Reine reste inébranlable. Et trois jours passent ainsi, trois jours de torture morale pour l'enfant ; mais trois jours pendant lesquels son esprit mûrit et se fortifie dans la foi.

Le tyran n'a plus rien de l'amoureux de la semaine précédente ; c'est une bête fauve déchaînée, un oiseau de proie qui fond sur sa victime, le vautour qui darde ses yeux sanglants sur la tourterelle.

Mais la jeune Gauloise n'a plus peur. Elle se sent merveilleusement ferme; ce n'est pas en vain qu'elle s'est mise sous la sauvegarde du Rédempteur. « Vous avez délivré mon corps de la perdition, des pièges de la langue injuste et des ouvriers de mensonge. »

Le proconsul se fait amener la chrétienne; je n'essaye même pas de me figurer les injures dont il l'accable. Exaspéré par le calme de sa victime, il passe des paroles aux actes. Saisie brutalement, entièrement dépouillée, livrée nue à ces hommes qui naguère la proclamaient reine, la jeune fille est flagellée, flagellée à la mode romaine, pendant deux heures, disent les Actes, Son sang coule par mille blessures, ruisselle partout, éclabousse ses bourreaux; elle ne fléchit pas, ne s'évanouit pas, ne demande pas grâce; mais les traits immobiles, elle prie en silence. Les bourreaux, las de frapper, sont remplacés par des tortionnaires qui déchirent l'enfant avec des ongles de fer. Olibrius, impassible, présidait au supplice de celle qu'il prétendait aimer. Pourtant, il finit par ordonner qu'on détachât la jeune fille et qu'on la conduisît en prison.

Pauvre petite Reine, victime d'amour! La voyez-vous, plutôt portée que conduite dans les cachots souterrains? On a jeté à la hâte ses vêtements sur son corps sanglant; ses longs cheveux, collés par la sueur d'angoisse, tombent en mèches sur ses épaules déchirées; ses minces poignets, ses chevilles, sont meurtris par les liens qui l'ont garrottée; ses lèvres serrées ne laissent échapper aucune plainte tandis qu'elle traverse la foule des Gaulois qui l'acclamait hier, qui n'ose prendre sa défense aujourd'hui.

La porte du cachot s'est refermée sur elle. La jeune fille épuisée se laisse aller sur le sol, elle ne pleure pas, elle n'appelle pas, elle ne regrette rien... Mais comme elle se sent faible et lasse... Mon Dieu, mon Dieu, donnez-lui des forces, qu'elle puisse encore souffrir pour vous demain!... Elle ferme les yeux; une torpeur délicieuse l'envahit. Oh! mon Dieu, si ce pouvait être la mort! Mais ce n'est que le sommeil. La pauvre petite martyre dort paisiblement. Nul ne nous dit quelle nuit passa Olibrius. Et tandis qu'elle dort, peu à peu une croix immense apparaît dans la prison et l'illumine. Une croix immense... Reine comprend qu'elle n'a pas fini de souffrir ; il lui faudra, jusqu'au dernier moment, porter une croix douloureuse. Seigneur, que votre volonté soit faite... Mais qu'y a-t-il donc au sommet de la croix ? Quel est ce léger battement d'ailes ? Une colombe, blanche comme une âme virginale, symbole de pureté, mais qui tient au-dessus de la jeune fille une couronne de martyre... « Seigneur, puisque vous le voulez ainsi, ne détournez pas de moi ce calice... »

Reine s'éveille brusquement ; elle s'est endormie souffrante, meurtrie, sanglante : et au réveil, ce jeune corps tourmenté est aussi sain, aussi net, que si nulle verge, nul fer, ne l'eussent touché ! Glorifie Dieu de t'avoir rendu tes forces, ô Reine ! tu en as grand besoin pour les deux suprêmes épreuves d'aujourd'hui.

VII

Le bruit de cette guérison miraculeuse est rapidement arrivé aux oreilles d'Olibrius. Le magistrat en pâlit de rage et de terreur. Il croyait avoir affaire à une jeune fille obstinée : et il se trouve (du moins il en est convaincu) devant une magicienne en communication avec des esprits mystérieux qui l'empêchent de sentir la souffrance. Une dernière fois, il somme Clément de fléchir sa fille.

Oh ! cette suprême entrevue, cette entrevue désespérée de deux êtres qui s'aiment et qui se font mutuellement souffrir, qui voudraient se jeter dans les bras l'un de l'autre et que tout vient séparer... Ce sont deux mondes qui se heurtent et se blessent dans les souterrains d'Alésia, le monde païen et le monde chrétien, le monde romain vivant de son passé, le monde gaulois qui s'élance vers l'avenir... vallée des Laumes, vallée des larmes...

Le Romain, vaincu, sort de la prison en accablant sa fille des invectives les plus grossières. La jeune et pure Gauloise attend avec sérénité l'ordre de son supplice. Que vous dirai-je ? Je ne veux pas m'attarder sur cet horrible tableau. Olibrius ne se connaît plus ; aucun tourment, aucune torture ne sont épargnés à la malheureuse : brûlée avec des torches de poix enflammée, elle est subitement précipitée dans un bassin d'eau froide. Entendez-vous, en même temps que le bruit mou du corps tombant dans l'eau, entendez-vous ce bruit sec ? Ce sont les fers qui se rompent au contact glacial. Voyez-vous ces plaies qui, pour la deuxième fois, se cicatrisent miraculeusement ? Regardez : au-dessus de la jeune vierge, une colombe d'un blanc éclatant voltige doucement. Reine, tu as porté ta croix jusqu'au sommet : ta récompense est proche.

« Voici l'Époux qui vient, allez au-devant de Lui ! »

La foule stupéfiée entend le tonnerre gronder ; les nuées menaçantes s'entr'ouvent : « Reine, venez recevoir la palme... » N'avez-vous pas entendu ces paroles tomber du ciel ? Certes, le Dieu de Reine est plus puissant que le dieu d'Olibrius. Hosannah ! Gloire au Dieu des chrétiens ! La foule s'agite... Olibrius sent grandir l'émeute. Furieux et tremblant tout à la fois, il a hâte d'en finir. Il fait un geste. Immédiatement retirée de l'eau glaciale, Reine est jetée à genoux aux pieds de son tourmenteur. Sa tête roule tout aussitôt à terre. Olibrius, froidement, regarde le corps sans vie de celle qui a préféré l'amour éternel aux amours terrestres. Le peuple, atterré, s'est tu.

Clément, réfugié dans sa villa, était sans espoir. Il écoutait de loin la rumeur de la foule, ses cris... Puis un silence de mort.

Sous un ciel léger de septembre, alors qu'a disparu le soleil qui mûrit les raisins et fait flamboyer la vigne, alors que les collines s'estompent dans une buée légère et que les arbres des forêts se détachent hardiment sur l'azur pâli, un muet cortège pénètre dans la villa, portant un fardeau qui ne pèse guère aux bras robustes. Clément,

Le redoutable magistrat parcourait en gémissant les lieux témoins de la vie
et du martyre de sa Reine.

frissonnant, écarte le suaire qui recouvre son enfant, contemple la tête livide, les traits amaigris de la jeune martyre. Puis, ayant repris tout son calme, maintenant qu'il n'a plus rien à perdre, il ordonne les funérailles de sa fille et l'ensevelit en un lieu retiré de sa propriété, près d'une petite fontaine aux eaux claires. Vainement les chrétiens et la nourrice de Reine cherchent-ils à soustraire aux païens ces précieuses reliques. Lucius Clementinus, qui ne put garder pour lui l'âme de son enfant, garde jalousement son corps.

Et Olibrius? Ah! ce n'est pas sans raison que ce nom est synonyme de versatile, de changeant. Deux jours ne s'étaient pas écoulés que le proconsul, brisé de chagrin, redemandait à tous les échos la fiancée qu'il avait si cruellement torturée. Le redoutable magistrat parcourait en gémissant les lieux témoins de la vie et du martyre de sa Reine... Enfin, fuyant sa propre douleur, il quitta Alésia, et l'on n'entendit plus parler de lui.

VIII

L'histoire de sainte Reine ne finit pas à sa mort. Les grandes persécutions sont arrivées, puis se sont calmées, les Bagaudes révoltés ont mis à feu et à sang les vallées de la Seine, de la Saône, de toute la riche Bourgogne; des bandes barbares traversent le territoire, des peuples entiers se fixent en Gaule, le monde romain s'écroule, les guerres civiles sont incessantes, les Arabes remontent jusqu'à Autun, puis voici les Normands, les Slaves, les Hongrois... le désordre est affreux; la misère, la famine sont partout. Reine dort son éternel sommeil en un lieu désormais inconnu. Mais non loin d'Alise s'élève l'abbaye de Flavigny, noyau d'une future ville. L'abbé Egil, en dépit des horreurs de l'époque, trouve encore le moyen d'étudier un ancien manuscrit qui relate le martyre et les funérailles de sainte Reine.

9

Alors il se transporte à Alésia, devenue un étrange assemblage de maisons primitives et d'antiques villas délabrées. Il parcourt tous les lieux de la petite cité. Comment reconnaître, après six siècles, la sépulture de la sainte? Fatigué, il s'assied dans une vaste cour. Une colombe d'une éclatante blancheur apparaît, plane un instant, puis se pose sur une grande pierre plate. Egil s'approche de l'oiseau qui s'enfuit, puis par trois fois revient se poser au même endroit. Egil, étonné, rentre en sa maison pour la nuit et s'endort. Alors le Seigneur, dans une vision, lui révèle que la blanche colombe lui désigne ainsi la pierre sous laquelle repose la vierge martyre. A son réveil, Egil était plus perplexe que jamais. Certes, l'incident de la colombe était étrange, mais le moine devait-il ajouter foi à son rêve? Il était assez prudent et assez expérimenté pour savoir qu'un songe est souvent la suite naturelle d'une préoccupation de l'esprit. Avant de rien entreprendre, il résolut donc de prendre conseil du saint évêque d'Autun, Jonas, et partit pour cette ville, l'une des plus éprouvées par les guerres et les invasions.

Le pasteur de l'antique Rome gauloise tressaillit d'émotion en écoutant le récit du moine : c'était mot pour mot, image pour image, ce qui lui avait été révélé la nuit précédente. Les deux ecclésiastiques se mirent en route pour Alésia. Après un voyage périlleux, ils arrivèrent dans la cour, aperçurent la dalle de pierre et une colombe qui planait en ce lieu. A cette vue, leurs derniers doutes s'évanouirent. Convoquant à cette sainte besogne le clergé du pays, ils commencèrent de fouiller le terrain. Et bientôt apparut à leurs yeux le corps d'une jeune fille, aussi frais, aussi intact que si l'on venait seulement de le mettre en terre. La tête était séparée du tronc, et des chaînes étaient déposées dans le cercueil.

La foule s'était amassée autour des prêtres, criait au miracle, acclamait Reine, comme autrefois, au même lieu, l'avait acclamée une autre foule... Cependant le moine

Egil, toujours prudent, ne voulut pas encore se rendre à l'évidence; il se mit en prières et fit prier autour de lui. Et tandis qu'il priait, ses yeux rencontrèrent la petite fontaine qui murmurait doucement près de la tombe. Alors, implorant Dieu, il demanda un *signe,* un miracle. « Seigneur, si comme tout me le fait supposer, je me trouve bien en présence du corps de sainte Reine, vierge et martyre, que le premier malade que je plongerai dans cette fontaine en sorte miraculeusement guéri. »

Il dit, et plein de foi, de confiance, il fait devant lui plonger dans l'onde claire et frémissante un malheureux perclus de tous ses membres. Aussitôt le miracle s'accomplit : le paralytique est guéri... Un grand cri, un grand remous dans la foule, puis chacun se précipite vers la fontaine; et, tandis que les actions de grâce s'envolent vers le Ciel, les guérisons se multiplient près de sainte Reine.

Et depuis ce jour, la jeune martyre n'a cessé de prodiguer ses dons à ceux qui ont recours à la fontaine merveilleuse; celle qui pleura tant sur terre guérit les yeux malades. Une seule affection, dit-on, résiste à l'action curative de cette eau : jamais lépreux ne trouva la paix en ce lieu où la trahison d'un lépreux livra sainte Reine à ses bourreaux.

SAINT VICTOR (290)

« Dieu l'a éprouvé comme l'or dans
la fournaise. Il l'a reçu comme une
victime sacrifiée en holocauste. »

I

Deux cent cinquante ans se sont écoulés depuis que
Lazare fonda une modeste Église à Marseille ; le cadre
n'a point changé : une mer d'un bleu profond déferle
tumultueusement sur les îlots de la baie ; des rochers,
d'une blancheur aveuglante, se parsèment d'une végétation grisâtre ; du côté des terres, des collines couvertes
d'oliviers et de pins maritimes semblent refouler vers la mer
la grande ville grecque. Mille bateaux divers s'enchevêtrent
dans le Vieux Port ; trirèmes, galères sculptées, humbles
barques de pêche, corsaires élancés, voiles blanches,
voiles brunes, cordages, mâts et poulies dansent au soleil,
exhalent vers un ciel implacable les senteurs mélangées
du goudron, de l'huile, des oranges, du poisson et des
parfum d'Orient. Sur les quais s'entassent l'étain de Bretagne ou les bananes d'Afrique, les trésors artistiques de
Grèce à côté de l'ivoire ou de la poudre d'or rapportés de
pays mystérieux. Le marché aux esclaves exhibe des jeunes
gens blancs aux yeux pâles ou des Égyptiennes souples et
nerveuses, des Barbares pris sur le Danube, comme des
Arabes du désert. Et là circulent Gaulois et Grecs, Juifs
et Romains en vêtements éclatants ou sordides, secoués
par le vent de mer que brisent les ruelles tortueuses et
sales.

Mais à côté des quartiers populeux du port ou de l'Acropole, de riches villas, de somptueux palais, des écoles débordantes d'étudiants entretiennent le culte des dieux grecs, des lettres grecques, de la civilisation grecque. Marseille est la **plus** païenne des villes de l'Empire; fille d'Homère, héritière d'Ulysse, Marseille, parcelle d'Orient jetée en Gaule, adore Zeus, célèbre Thétis, étudie Pythagore et Platon, mais sourit de pitié en pensant que d'antiques et grandes cités, telles que Rome, Smyrne ou Carthage se sont laissé prendre au filet des pêcheurs de Galilée.

A vrai dire, Marseille n'a guère le temps de s'attarder à ces vaines pensées; elle se prépare à recevoir l'empereur Maximien dans ses murs. Il arrive. Marseille, exubérante, frénétique, acclame Maximien Auguste. Parmi les gardes qui ne quittent pas la personne sacrée, un officier assiste, calme et renfermé, à la réception enthousiaste des Marseillais. Il prend sa part des réjouissances, mais son service terminé, pose ses armes, s'enveloppe d'un manteau sombre et s'enfonce vers les étroites ruelles qui avoisinent le port. Tout en flânant, il examine avec intérêt le moindre passant; parfois, rejoignant l'un deux, il murmure quelques mots qui semblent n'avoir aucun intérêt pour les Marseillais affairés.

Mais voici qu'un pauvre homme tressaille et se retourne; il articule à voix basse une réponse satisfaisante. L'officier s'approche.

« Tu es chrétien? »

Le malheureux jette un regard effaré autour de lui.

« Tu es un frère?

— Oui; j'arrive à Marseille, je viens de loin, et cherche quelque fidèle en cette grande ville.

— Bien peu nombreux sommes-nous. Nous vivons cachés, ignorés, pauvres et misérables. Nous ne sommes point d'ici, car Marseille n'adore que des idoles; quelques-uns d'entre nous viennent d'Asie, d'autres de Lyon ou d'Arles. Nous débarquons les marchandises sur le port, ou faisons des filets. Et toi, qui es-tu? »

L'officier, simplement, entr'ouvre son manteau.

« Je m'appelle Victor, et je suis officier dans la garde impériale. J'arrive avec Maximien, notre Auguste. Je viens de Trèves où nos frères ont eu tant à souffrir, l'an dernier, de la cruauté de Rictius Varus. Il a tué les chrétiens, mais n'a point tué le christianisme. Nous nous cachons, mais nous sommes toujours plus nombreux. »

Jamais les chrétiens de Marseille n'avaient vu de fidèle de si haut rang, portant droit la tête et ne craignant personne. Eux, petite église chétive et misérable qui végétait en quelque bas quartier, ils avaient peur de tout et de tous. Et si ce Victor allait être un espion, venu pour recenser secrètement les fidèles de la ville et les dénoncer aux magistrats? Le débardeur en frémit. Mais sa crainte n'était pas fondée.

Qu'elle était humble, la maison de prières où Victor fut introduit, qu'elle était pauvre et nue! Une salle dans une maison branlante, un autel de pierres grossières, un prêtre auquel on répond à voix basse, à peine d'instruction, pas d'assemblées régulières. Voilà ce que Victor constatait avec tristesse. Il mit toute son âme, toute son ardeur à remédier à cet état de choses. Mais il s'agissait de travailler dans l'ombre, car l'empereur Maximien haïssait les chrétiens.

L'Auguste prolongeait son séjour à Marseille, ce qui favorisait l'action bienfaisante de Victor. Chaque soir, il se glisse hors du quartier, tantôt seul, tantôt avec quelques soldats. En dépit des dangers qu'ont présentés de tout temps les abords des grands ports, ils circulent dans ce dédale de rues crasseuses, peuplées de métèques, parfois gens de sac et de corde. Ils frappent à quelque maison amie, tantôt l'une, tantôt l'autre pour dépister les soupçons.

Les chrétiens de Marseille se sont enhardis sous la forte impulsion de Victor; ils n'ont plus peur de leur ombre; ils osent se réunir, ils osent avoir confiance en cet officier qui approche la personne sacré de l'Empe-

« Tu es chrétien ? »

reur; il ne se font plus à eux-mêmes l'effet de parias, ils se sentent devenir des hommes, comme ces héros de Cologne, de Trèves et de la deuxième Belgique dont leur parle Victor. L'exemple des soldats les entraîne; car maintenant, c'est toute une petite communauté qui accompagne Victor et entoure secrètement Maximien.

II

Que se passa-t-il? Comment en vint-on à épier un officier de la garde impériale? Peut-être quelque soldat essaya-t-il de faire du prosélytisme et ne réussit-il qu'à éveiller les soupçons; peut-être les pauvres chrétiens marseillais, passant d'un excès de prudence à un excès de confiance, ne cachèrent pas assez quel grand personnage venait à eux.

Il fait nuit. Victor, sans armes, sans insignes, quitte silencieusement sa maison avec un ou deux soldats. Bientôt, quelques légionnaires les suivent. Les groupes marchent séparés, ne prennent pas les mêmes rues. Ils vont d'un pas pressé, sans remarquer qu'ils sont suivis à distance... Ils passent devant le Vieux-Port. Le ciel profond de la Provence s'illumine d'étoiles scintillantes; un quartier de lune brille au-dessus des mâts élancés... Les chrétiens continuent leur marche; un bruit doux et monotone berce leurs oreilles : le bruit des vagues qui clapotent le long des quais... Les rues succèdent aux rues, montantes, tortueuses, glissantes, silencieuses. La silhouette de l'Acropole s'enlève hardiment au-dessus des maisons serrées... Victor frappe à une porte, qui doucement s'ouvre pour le laisser passer avec ses compagnons... Ceux qui les épiaient ont disparu.

C'est là l'église, la réunion des chrétiens de Marseille : une pièce vaste, nue. Au centre, l'autel éclairé par un cierge de cire; dans une encoignure, un vieillard, que rien ne distingue de ses compagnons, parle bas à un homme prosterné à ses genoux ; d'autres attendent leur tour. C'est le prêtre qui, avant de célébrer le sacrifice, remet les péchés à ceux qui les confessent. Sur l'autel, un rouleau de parchemin, du pain, du vin, un calice. Près de la porte, des catéchumènes qui devront quitter l'église avant la consécration. Victor se mêle aux assistants. Bientôt l'office commence.

Les murs sont nus, vous ai-je dit ; peut-être, en cherchant bien, y distinguerions-nous un jeune berger peint en fresque et portant une brebis sur les épaules : le Bon Pasteur, seule représentation du Sauveur dans l'église primitive. Nous ne trouverons pas de longtemps un Christ en croix ou quelque épisode de la Passion : ils n'apparaîtront qu'à la fin des persécutions. Mais l'*ichthys* mystérieux, le poisson symbolique, est gravé contre l'autel. Les lettres de ce mot grec commencent les mots de la formule : *Jésus-Christ, fils de Dieu Sauveur,* qui sont le signe de reconnaissance des chrétiens.

Le prêtre a fini son instruction ; il s'avance vers l'autel et prie à mi-voix ; les réponses chuchotées lui arrivent de tous les côtés de la salle, car l'enfant de chœur n'existe pas pour répondre : *Et cum spiritu tuo,* quand le vieillard dit : *Dominus vobiscum.* L'assemblée entière prend part au sacrifice et aux prières. Le pain et le vin sont consacrés. Jésus est sur l'autel et s'offre à ses fidèles. Ceux-ci se lèvent silencieusement. Les hommes, Victor en tête, s'avancent lentement ; ils tendent la main et prennent le pain susbtantiel, le pain mystique devenu Dieu ; ils trempent leurs lèvres dans le calice. Les femmes baissent leur voile devant leurs yeux et viennent à leur tour. Seuls, quelques pécheurs qui n'ont pas achevé leur pénitence restent humblement à genoux au fond de la salle.

Victor et ses légionnaires ont communié ; ils sont forts, ils sont les soldats du Dieu des armées. Et voici que sonne l'heure du combat.

Le prêtre lève la main pour bénir, au nom du Dieu en trois personnes, l'assemblée qui va se disperser, lorsqu'un grand tumulte retentit. Les portes s'ouvrent brusquement, policiers et magistrats envahissent l'église. A la faveur de l'obscurité que ne dissipent guère deux cierges et quelques lampes romaines, des fidèles réussissent à se glisser au dehors, à s'enfuir. On ne cherche pas à leur barrer le passage. Les magistrats veulent Victor et les soldats qui sont là, debout, près de l'autel, frémissants mais non tremblants.

Au nom de Maximien Auguste, Victor, officier de la garde impériale, est arrêté comme chrétien, prosélyte du christianisme dans l'armée, et conduit immédiatement devant le préfet du prétoire.

« Ce que je vous dis dans les ténèbres, redites-le au grand jour, et ce qui vous est chuchoté à l'oreille, publiez-le sur les toits! »

Victor, l'heure des ténèbres et du secret est passée. Rejette le manteau qui dissimule ton rang; ce qu'on disait tout bas à l'assemblée des fidèles, redis-le hardiment aux magistrats. Car si tu confesses le Fils devant les hommes, le Fils te confessera devant son Père.

Le préfet du prétoire retient à son tribunal les soldats englobés dans le procès de Victor; mais, pour l'officier impérial, considérant son haut grade, effrayé de la qualité de cet accusé, il en réfère à la personne sacrée de Maximien.

Vous représentez-vous l'état d'esprit de Maximien, empereur de Rome, quand il apprit l'arrestation de Victor et le crime dont il était accusé? Les sanglants procès de Trèves, Cologne, Bonn, le massacre de la légion thébaine, l'enquête menée par Rictius Varus, avaient eu sa pleine approbation. Il fallait que le levain *galiléen,* comme on disait alors, fût à jamais extirpé de l'armée, pour qu'elle restât fidèle. Il croyait avoir vaincu le christiasnisme, et il apprenait que non seulement cette religion maudite vivait toujours, mais que lui, Maximien, le divin

Auguste, traînait à sa suite toute une bande de chrétiens, que ses officiers eux-mêmes se faisaient apôtres et prêchaient aux soldats une autre loi, une autre obéissance que la loi de l'Empire et la soumission à l'Empereur!

Prie dans ta prison, ô Victor, invoque le Tout-Puissant, crie-Lui : « O Dieu, hâtez-vous de me délivrer! Seigneur, hâtez-vous de me secourir! » car ton heure est venue, et tu as amassé sur ta tête des charbons ardents; le Seigneur veut t'éprouver comme l'or dans la fournaise. Prie dans ta prison, Victor et médite la sublime parole : « Je vous laisse la paix, je vous donne ma paix... Que votre cœur ne se trouble point! » L'heure est venue.

La colère de l'Empereur s'abat, implacable, sur l'accusé. Avant qu'aucun tribunal ne se réunisse pour juger le malheureux, qu'aucune procédure régulière ne soit ouverte, il frappe disciplinairement le soldat coupable, le livre à la vindicte publique, à la risée de la foule.

« Ils sont exposés en spectacle aux yeux du monde, des anges et des hommes... »

Vous figurez-vous, dans cette grande ville opulente où se heurtent tous les paganismes, toutes les philosophies, toutes les races, tous les vices et toutes les subtilités de l'esprit grec, vous figurez-vous le *tolle* qui s'éleva à cette stupéfiante nouvelle : une association chrétienne dans la garde de l'Auguste, un officier de haut rang à sa tête! Ce chrétien prisonnier, c'est à qui le verra, l'outragera, insultera à son malheur. L'infortuné, pieds et poings liés, est traîné à la longe sur les pavés inégaux de la ville. Ce spectacle atroce provoque, excite les moqueries et les instincts cruels de la foule.

Voyez-vous, sous ce soleil ardent, sous ce ciel de feu, cette populace grouillante? On crie, on se bouscule, on court, on rit, on ramasse quelque ordure pour la lancer à la face du malheureux sans défense, des pierres qui le meurtrissent et l'ensanglantent... Entendez-vous les injures grossières que lui crachent à la figure ceux-là même qui lui cédaient respectueusement le pas, hier? Et les coups de poing, et les coups de pied de ces gens abjects, au noble et loyal soldat qui a fait ses preuves sur le Rhin... Oh! l'affreuse et indigne course. Pauvre corps heurté à chaque borne, à chaque ressaut du pavé, pauvre tête ballottée de droite et de gauche, pauvre visage souillé de sueurs, de sang, de poussière, de crachats!... O Christ! rappelez-vous les outrages dont vous accablèrent Juifs et Romains!

Quand donc le réintégrera-t-on dans sa prison, le produira-t-on devant un tribunal régulier? Enfin, la sinistre comédie prend fin. Victor est délivré de l'immonde cohue. Dans le silence et la paix de sa prison, loin des hommes, près de Dieu, il se prépare au jugement des magistrats qui le condamneront, au jugement divin qui, il en a le ferme espoir, l'absoudra.

III

Tandis que Victor se recueille et prie, le désaccord règne en haut lieu. Le conseil impérial flotte entre deux partis. Certes, tous sont d'accord que la rétractation de Victor s'impose; mais comment l'obtenir? Les uns ne veulent rien brusquer; il vaut mieux être doux, persuasif : on n'obtiendra rien par la contrainte d'un homme de la trempe de Victor. Les autres rejettent ces moyens; pour eux, seule l'énergie compte : si Victor refuse d'abjurer, qu'il soit immédiatement livré au bourreau; ce n'est que la force et la violence qui en viendront à bout... Le parti de la violence l'emporta sur le parti de la modération, et le procès commença.

L'officier romain, chargé de chaînes, comparaît devant ses juges. Le grand chrétien reconnaît sans hésiter tous les faits qui lui sont imputés; il se glorifie de ce dont on l'accuse. Fier et la tête haute, il confesse le Christ. Sommé de se rétracter, de sacrifier aux dieux de Rome, il refuse et est aussitôt étendu sur le chevalet.

Les tortionnaires s'acharnent sur la victime. Le corps, l'âme, l'intelligence du malheureux sont également fouillés, distendus, tenaillés, déchirés. Tandis que ses chairs frémissent, que ses os craquent, que la sueur d'angoisse inonde ses tempes et sa poitrine, les juges impitoyables sont là, près de lui, le harcèlent de leurs questions, de leurs menaces, de leurs raisonnements spécieux ; et toujours : « Réponds... Abjure... Sacrifie aux dieux immortels... »

Quoi ! faut-il donc tant souffrir pour que Dieu vous accueille ? Les autres, les autres martyrs, en ont-ils enduré autant ?... Oh ! il n'est pas possible qu'un homme souffre ce que ces bourreaux font souffrir à Victor... « Abjure... »

« Pitié, mon Dieu, pour votre serviteur !... Quoi ! encore ? Encore plus souffrir ?... Seigneur, je ne puis plus ! et pourtant, vous m'avez vu sur les champs de bataille...

— Abjure !...

— Ne peuvent-ils au moins me laisser souffrir en paix ?... Que faut-il pour qu'ils se taisent ! Souffrir davantage ?... Je ne peux plus, mon Dieu !... C'est fini, secourez-moi ou je cède... Je sacrifierai à Jupiter, et pourtant, vous le savez, mon Dieu, je crois en vous seul ! Seigneur, ayez pitié de moi !... O mon Dieu, ils s'approchent encore... »

Victor défaille, son agonie est horrible. Déjà ses juges triomphent ; déjà, sur ses lèvres mourantes, ils croient cueillir l'aveu de la rétractation. Mais voici que le visage atrocement contracté s'adoucit peu à peu ; les membres torturés ne cherchent plus à rompre leurs chaînes. Un rayon de soleil s'est-il posé sur le chevalet ou bien est-ce le regard de Victor qui l'éclaire soudain ? Les lèvres sèches se détendent, le râle d'agonie a cessé... Est-ce la mort ? Détachez-le, ranimez-le, qu'il puisse souffrir encore !

Non, c'est la paix. Du plus profond de l'abîme, Seigneur, il a crié vers vous, et vous êtes venu, vous l'avez consolé, soutenu, fortifié ; vous vous êtes souvenu, ô Christ, de votre agonie au mont des Oliviers : vous imploriez votre

Père comme Victor vous implore ; à l'ange qui vous montrait le calice s'opposait un ange qui soutenait la défaillance de votre chair... De même, ô Jésus, sans cacher à votre serviteur la croix symbolique, vous lui avez dit : « La paix soit avec toi. Sois viril... Je suis celui qui couronne ses saints après la lutte... »

La chair est faible, mais l'esprit est fort. Victor ne sent plus les tortures ; il vit en Dieu... C'est la paix, la paix pour le martyr, mais un trouble profond pour les témoins de cette paix...

La violence a échoué. Victor, brisé, mourant, est rapporté dans son cachot ; mais, avant de brandir triomphant les palmes du martyre, il doit terminer sa tâche sur terre. Il gît dans sa prison, les membres brisés, calme, sous l'empire de la vision qui l'a ranimé. Il aspire à un moment de repos. Le vaillant soldat du Christ n'en doit pas connaître ici-bas. Il s'endort, épuisé. A son réveil, il voit près de lui trois des soldats qui avaient assisté à son supplice.

Que veulent-ils donc ? Ils ont le visage inquiet ; leurs gestes sont maladroits près du martyr qu'ils voudraient soulager. Leurs mains rudes se font douces pour le toucher ; leur voix accuse un profond trouble. « Seigneur Victor, nous sommes trois soldats qui voudraient comprendre... Nous étions près de toi, près du chevalet de torture, et nous n'avons point compris. Tu as dit que ton Dieu t'est apparu, t'a parlé. Nous, nous n'avons rien vu, rien entendu. Nous voudrions le connaître, ce Dieu des chrétiens qui t'a donné une telle force, ce Dieu pour lequel tant de soldats sont tombés à Cologne et à Trèves. Peux-tu nous instruire, peux-tu nous donner ta force ? »

L'officier tressaille de joie au milieu de ses souffrances en voyant ces humbles chercher la vérité. Ses forces épuisées se raniment ; il instruit ces soldats du Christ comme il instruisait les soldats de l'empereur. Et eux écoutent ardemment ; rien ne les rebute et, si quelque vérité les étonne, ils croient encore. La foi en l'officier les conduit à la foi en Dieu.

Et je pense ici à ce soldat blessé de la Grande Guerre qu'assistait un prêtre, qui était son capitaine. « Et vous êtes sûr que c'est vrai? demandait le mourant. — J'en suis sûr, disait le prêtre en souriant. — Vous m'en donnez votre parole? — Oui. — Ce n'est pas votre parole de prêtre que je veux, mais votre parole d'officier. — Je vous en donne ma parole d'officier. — Alors je vous crois. »

De même, Longin, Félicien et Alexandre croient en Jésus-Christ parce qu'ils croient en Victor, témoin de Jésus-Christ.

<h2 style="text-align:center">IV</h2>

Tandis que dans sa prison, Victor poursuivait en secret la conversion des trois soldats, son procès se continuait publiquement.

Ce procès, disent les Actes, fut sans précédent. Sûr de lui désormais, Victor ne craignait plus ses juges, et même n'hésitait pas à les provoquer. L'officier défiait ses adversaires, luttait seul contre tous. Semblable au toréador qui excite la fureur aveugle du taureau, il bravait les menaces, se moquait des promesses, éludait les questions ou y répondait par d'autres questions. Le tribunal voulait à tout prix l'apostasie de l'officier de la garde. Victor, depuis sa vision sur le chevalet de tortures, *savait* qu'il ne renierait pas son Sauveur. Un jour enfin, une scène inouïe emporta tout et ouvrit les écluses de la fureur populaire.

Comme toujours dans l'Empire romain, le procès des chrétiens est un spectacle public; comme toujours la foule compacte se presse sur le forum, s'entasse, s'écrase, rompt presque les cordons de troupes pour mieux voir, pour mieux entendre. Devant le juge suprême est un autel où brûle du feu en l'honneur des dieux. C'est sur ce frêle autel portatif qu'il faut absolument que Victor sacrifie. Certes, les juges exigent peu de lui, car ils sentent que l'accusé est plus fort qu'eux. Qu'il jette ces grains d'encens sur les charbons embrasés ; que la fumée monte, parfumée par lui, dans le ciel bleu de Marseille, et le tribunal se déclarera satisfait. Victor sent bien, lui aussi, qu'il est le plus fort. Je le vois, droit et ferme entre les soldats, entouré de la foule hostile ; ses membres enchaînés portent la cicatrice de la *question* ; ses traits amaigris, son visage pâli, témoignent de ses souffrances ; mais ses yeux noirs lancent des éclairs, et vraiment, il me semble apercevoir un léger sourire sur ses lèvres. Pressé de brûler l'encens, il ne répond pas. Sans doute il est enfin las de lutter ; sa résistance est à bout... On lui tend les grains, on lui montre l'autel au-dessus duquel une spirale de fumée bleue se tord au grand vent de la mer. La foule, haletante, fait silence. Victor s'avance ; ses doigts entr'ouverts laissent dédaigneusement choir sur le sol le parfum précieux, tandis que d'un coup de pied il renverse l'autel qui roule à terre et disperse les braises sacrées.

D'abord, une stupeur profonde paralyse la foule, puis une clameur retentit : « Sacrilège ! crient les prêtres païens. — Sacrilège ! à mort le sacrilège ! » vocifère la populace déchaînée.

Le désordre est à son comble ; les troupes, débordées, ne peuvent maintenir la multitude ; juges, bourreaux, spectateurs, accusés, prêtres et soldats, mêlés, bousculés, disparaissent dans un nuage de poussière. Victor, saisi par cent mains, est arraché à ses gardes... Que va-t-on faire de lui ? Quel horrible supplice satisfera les dieux de Rome ? Nul ne le sait. Lui reste muet, sans peut-être une pensée. Son destin l'entraîne au Ciel, mais par quelle voie !

La foule tient sa victime ; qu'en fera-t-elle ? Elle l'ignore, mais elle le fera atrocement souffrir, cela, elle le sait ! La horde démoniaque se jette au hasard de la ville... Ah ! voyez, là de misérables esclaves sont attachés à la roue qui fait tourner une meule ; le grain écrasé par la pierre laisse échapper une blanche farine... Que Victor à son tour soit broyé par ces vils esclaves… Appréhendé par des bourreaux fous de rage et de triomphe, Victor est jeté sous la meule; de toutes parts, les Marseillais, altérés de vengeance, se précipitent sur la machine qui commence lentement à tourner « et à moudre le froment de Jésus-Christ ». Les uns poussent, les autres tirent, ceux-ci connaissent le maniement de la roue, ceux-là l'ignorent… Tout à coup elle se brise et s'arrête.

Le Dieu des Chrétiens protégerait-il son serviteur? La foule s'écarte, épouvantée, dégrisée soudain par ce prodige. Quelques-uns balbutient : « C'est un miracle; nous avons offensé le Dieu de Victor; il va se venger! »

Cependant à la faveur du désarroi, les soldats ont pu rejoindre leur prisonnier, encore vivant sous la meule qui le broye; ils l'arrachent à son horrible supplice… N'aurez-vous pas pitié du malheureux? L'un de vous, par charité, ne lui donnera-t-il pas le coup de grâce? Ou bien ne le ramènerez-vous pas dans son cachot pour qu'il y meure en paix? Non, la loi est inflexible; le procès de Victor n'est pas terminé. Que ce corps pantelant soit de nouveau exposé sur le forum, qu'au milieu des soldats qu'il a instruits secrètement et qui confessent leur foi, qu'entouré d'Alexandre, de Longin, de Félicien, il entende l'arrêt qui les condamne à la décapitation; que sa tête roule à terre avec celle de ses compagnons : alors, seulement alors, Dieu lui ouvrira les bras; alors les anges, respectueusement, le porteront au Ciel; alors, seulement alors, il jouira de la lumière éternelle.

Les âmes délivrées sont en paix, mais les corps gisent au pied des juges. Point ne doivent-ils être remis aux chrétiens. Qui d'ailleurs se trahirait en donnant la sépulture à ces condamnés? La mer est là : qu'on les y jette en pâture aux monstres marins !

Les chrétiens de Marseille connaissent les courants; ils savent bien que la colère des flots rejette d'un côté de la baie ce qu'elle a pris de l'autre. Les voyez-vous se dirigeant la nuit vers une plage déserte non loin de la ville?

Le ciel est sans lune, mais les étoiles scintillent; un silence solennel, accompagné du murmure des vagues, règne sur la côte; des ombres passent et repassent; une fois, deux, trois, quatre fois, la mer en se retirant laisse sur la plage un corps mutilé, roulé dans les algues, souillé d'écume, où s'attachent déjà quelques coquillages. Ces corps sont pieusement recueillis, lavés, enveloppés d'un suaire, puis mystérieusement rapportés vers la ville. Où ensevelir ces précieux restes? Quelle retraite cachée sera suffisamment sûre pour les préserver de toute profanation? Un chrétien connaît, non loin de là, une crypte souterraine absolument secrète; le cortège silencieux se dirige donc à gauche du vieux port. L'entrée de la crypte donne sans doute dans la maison ou le jardin de quelque fidèle. On y descend les martyrs, on les ensevelit, afin qu'ils reposent à jamais dans ce souterrain où Lazare prêcha l'Évangile.

Longin, l'un des trois soldats qui vint trouver Victor dans sa prison, avait un fils resté païen, Deuterus. L'enfant avait suivi avec angoisse le procès de son père; il avait su son exécution, il avait vu de loin les corps des victimes précipités à la mer. Le jeune garçon, désespéré, ne songeait qu'à donner à son père une pieuse sépulture; mais l'inexpérience de l'enfant lui faisait parcourir au hasard toutes les grèves, tous les rochers des environs pour retrouver ces restes chéris. Un jour qu'il pleurait au bord des vagues, un chrétien vint à lui et s'informa du sujet de ses larmes. Ému de pitié devant sa détresse, il lui révéla que le corps avait déjà été recueilli, et que les quatre martyrs reposaient ensemble dans une crypte qu'il lui indiqua. Un bras de mer séparait Deuterus de la côte désignée; il se jeta impétueusement à la nage, pensant arriver plus vite près de la tombe aimée... Hélas! les forces de l'enfant trahirent son ardeur; ballotté par les vagues, rejeté au large chaque fois qu'il croyait aborder, il fut enfin précipité sur la côte par une lame plus forte; mais épuisé, asphyxié, il expira sur la rive. Le pauvre

corps fut recueilli par un chrétien, celui-là peut-être qui
lui avait signalé la crypte ; et les fidèles, pleins de pitié
pour cette petite victime, creusèrent une cinquième fosse,
mirent le fils à côté du père, convaincus que Dieu, dans
sa miséricorde, recevrait en son paradis l'enfant païen,
martyr de son ardente piété filiale, comme le père avait
été martyr du Christ.

Deux siècles plus tard, au-dessus de la crypte doublement sainte, s'élevait une des plus célèbres abbayes de la
Chrétienté ; et aujourd'hui encore, dans un quartier
populeux du vieux Marseille, surgit l'église Saint-Victor,
crénelée comme une forteresse, gardienne des premiers
souvenirs chrétiens de la grande cité méditerranéenne.

SAINT PAUL

ÉVÊQUE DES TROIS-CHATEAUX (IVe SIÈCLE)

« Quiconque s'abaisse sera élevé. »

I

Le temps des grandes persécutions est passé : le christianisme triomphe sur toute l'étendue de l'immense Empire. « Enfin l'Église est en paix, direz-vous. — Non, l'Eglise n'a pas la paix. Elle est attaquée de tous côtés par des hérésies tenaces, bien enracinées en Orient, mais dont le robuste bon sens des évêques d'Italie, de Carthage et de Gaule finira par avoir raison, après une lutte dure et sanglante. Avant de nous y engager, reposons-nous un moment avec saint Paul. Écoutez cette histoire si simple, si unie, si française déjà. »

Reims existait dès avant la conquête romaine, mais ne faisait pas grand bruit dans l'Empire. Nous avons vu qu'au IIIe siècle, une pauvre petite Église naissante y avait été massacrée, si obscure que le nom d'aucun de ses membres n'est venu jusqu'à nous. Mais le christianisme a progressé, les temps ont changé, et les catholiques pratiquent librement leur culte.

Pénétrons dans une famille modeste de Reims : des ouvriers aisés, peut-être, ou des marchands, je ne sais. Ce qui m'intéresse, c'est que cette famille est chrétienne. Le père, la mère et leur fils Paul vivent heureux, sans ambition. Ils ont devant eux l'horizon sans limites de la plaine rémoise ; le ciel aux tonalités douces, grises, même quand le soleil brille, se confond au loin avec la terre blanchâtre où pousse une herbe maigre. C'est solennel, cela porte à la méditation mélancolique... Si du moins cette grande plaine n'était pas ouverte jusqu'au Rhin ; si le vent du nord n'apportait pas, comme une menace perpétuelle, le bruissement des hordes germaines ! Paul a grandi dans ce milieu très simple et très pieux. Je le vois : à ses dix-huit ans, sa croissance terminée, robuste et large comme les Gaulois, avec des yeux clairs, limpides, un peu naïfs ; ses manières sont peut-être frustes, empruntées, mais qu'importe au milieu des travailleurs où doit s'écouler son existence. Lui-même est un bon ouvrier, de la race de ceux qui, dans mille ans, élèveront la cathédrale de Reims ; il est dur à la peine, pieux et réfléchi.

Ses parents n'ont que lui et rêvent de voir leur famille se perpétuer. Le fils, obéissant et respectueux de l'autorité paternelle, accepte la toute jeune fille qu'on lui propose comme compagne. Elle est pure et calme, elle est digne de lui ; et lui, dont nul ne soupçonne la force d'âme, saura l'élever jusqu'à soi.

Il y a, au long cours des siècles, des périodes déconcertantes, tissées de contradictions. Le IVe siècle constitue une de ces périodes. Et qu'y voyons-nous ? Un désordre profond dans la société qui se décompose, pourrit, fermente pour en former une nouvelle ; une soif, une folie de plaisirs baroques, honteux ; à côté, l'austérité, l'ascétisme. Il semble que l'enfer ait versé ses démons sur l'Empire romain ; et tout ensemble surgiront pour les combattre les plus grands Docteurs de l'Église, les Pères du désert. C'est l'époque où les empereurs se vautrent dans le sang et la boue, où Julien l'Apostat relève les temples des dieux, où les hérétiques ariens ébranlent les fondements de l'Église catholique ; c'est aussi l'époque où les Jérôme, les Augustin, les Ambroise, les Hilaire, les Athanase, les Martin maintiendront la pureté de la foi, renverseront les idoles ; où les solitaires d'Égypte, par la rigidité implacable de leur vie, rachèteront les âmes coupables, *forceront* la clémence de ce Dieu irrité qui lâchera enfin sur ce monde pourri le flot barbare qui le régénérera par la souffrance. Et, de même qu'aujourd'hui des hommes et des femmes consacrent à Dieu une vie innocente, expient les crimes que d'autres commettent, de même, en ce siècle de débauche sans précédent, de vertu prodigieuse, nous voyons des saints s'imposer des privations en apparence inutiles, pour s'amasser des trésors dans le ciel.

Paul était de ceux-là, et il sut persuader à sa jeune femme de s'imposer de durs sacrifices absolument ignorés d'autres que lui et Dieu; un vœu mutuel les lia aussi fortement que le nœud du mariage. Ils étaient heureux, paisibles et purs. Mais les temps qu'ils vivaient étaient angoissants et tourmentés. L'invasion, tant de fois contenue et refoulée, a brisé les digues de l'armée romaine; le Rhin, la Moselle, sont franchis; le flot barbare se précipite comme un torrent sur la Gaule affolée; la route que suivront désormais toutes les invasions allemandes, la route de Belgique, la trouée de Champagne, se présente sans défense à des hordes assoiffées de conquête et de pillage. Reims, ville ouverte, va devenir la proie des Germains; le danger est imminent.

Paul est aujourd'hui chef de famille; son père est mort, lui léguant son autorité, lui laissant aussi la charge, la garde de sa mère comme de sa jeune femme. Que faire? Rester? Protéger son bien, son héritage, aider à la défense de la cité, au risque d'être enseveli sous ses ruines, de laisser ces deux saintes femmes esclaves des Barbares? Ou bien fuir, fuir avec elles, abandonner à jamais les modestes biens de Reims, le pays aimé, pour s'en aller vers l'inconnu? Quelle alternative! Et que de gens, à notre époque, l'ont connue, la douloureuse nécessité d'un déchirement complet!

Paul ne put se décider à exposer sa mère et sa femme à l'invasion, à l'esclavage, à la torture. Il partit avec elles.

Et je m'imagine cette fuite comme celle de tant de nos pauvres paysans, sur les routes de France, au début de la grande tourmente : un cheval attelé à un char rustique où sont entassés quelques objets de ménage, sur lequel sont assises deux pauvres femmes exténuées, et un solide gaillard, en équilibre sur le brancard, qui conduit l'équipage ; ou bien la mère et la belle-fille sur quelque monture que Paul conduit par la bride... Et l'on va, l'on va..., on ne sait où, mais loin vers le Sud, loin des Barbares... La plaine s'étend indéfiniment devant les fugitifs, campagne déjà bien abandonnée, car l'insécurité règne partout. On se réfugie dans les villes... et dans cinquante ans, la Gaule sera dix fois plus inculte, plus sauvage qu'au temps de Vercingétorix.

Toujours plus loin... Les indestructibles voies romaines les conduisent à Lyon. Quelle grande et puissante cité ! Quelle majesté ont ces deux fleuves dont les eaux vertes et les eaux grises se marient sans se confondre ! Pourquoi nos fugitifs n'y restèrent-ils pas ? Je ne sais. Les voici sur un de ces bateaux qui, sans cesse, descendaient et remontaient le Rhône, ces bateaux qui, sans bruit, ont joué un si grand rôle dans le développement du christianisme en notre pays. Paul et les deux femmes sont à bord ; les brumes lyonnaises qui leur ont rappelé leur pays, s'estompent dans le lointain. Les flots gris et tumultueux les emportent sous des cieux plus cléments, d'un azur plus pur. Vienne est loin déjà ; voici Tain et son taurobole au pied de l'Ermitage, et sur l'autre rive, les collines couvertes de genêts qui descendent jusqu'au Rhône. Ce fleuve coupé d'îlots de sable, qui tour à tour divague dans une large plaine puis se resserre brusquement entre les Cévennes et les Alpes, les étonne, les effraie presque ; et cette végétation dont les pauvres Rémois n'avaient même pas idée : des oliviers légers et tordus par l'éternel vent du Rhône, les vignes éparpillées au flanc des coteaux, les mûriers, les figuiers ; des villes d'une blancheur éblouissante : Orange et son théâtre, Arles où le bateau les

Uu cheval attelé à un char rustique.

dépose enfin, Arles, ville de joie et de beauté, Arles, les
délices de Constantin, Arles toute en fête, Arles aux belles
filles, Arles païenne en dépit de ses saints. Ils comptaient
s'y installer, y cherche un gîte, du travail. Mais les
réfugiés du Nord ne purent se faire à cette cité d'où sur-
gissaient à chaque pas les souvenirs païens les plus amol-
lissants, où trop de temples encore étaient debout. Les
voyez-vous, ces deux saintes gauloises, modestes malgré
leur visage découvert, graves et dignes, au milieu des
Arlésiennes, plus grecques que gallo-romaines, beautés
provocantes qui se parent encore de bijoux? Le regard de
la mère et de la femme de Paul, clair, gris-bleu comme
le ciel de Reims, ne put supporter cette exubérance de
vie. Et lui, le rude travailleur, le grand laborieux de la
plaine du nord, s'irrite de la paresse et de la langueur des
Arlésiens : il ne s'habitue pas à leur laisser-aller; et,
après quelques hésitations, car il s'agit de courir de nouvelles aventures, les trois grands chrétiens quittent la
métropole de la Provence, aussi pauvres qu'ils y sont
arrivés, et vont chercher un refuge en une campagne
éloignée.

Nous retrouvons Paul non loin de la petite ville actuelle
de Saint-Remi-de-Provence. Le solide gars, alors dans
toute la force de la jeunesse, a trouvé l'emploi de son
activité, de sa vigueur. Tandis qu'en quelque maisonnette
tapie au pied des montagnes grises de Provence, les deux
femmes filent et tiennent le ménage, cueillent figues et
olives, soignent des chèvres que nourrit l'herbe drue du
Midi, Paul est chez un cultivateur des environs, laboure,
sème et récolte le blé. Et c'est par là que notre Gaulois
est déjà Français. Son labeur tenace et opiniâtre a vaincu
la terre âpre et obstinée. Je le vois à la tête de ses bœufs
camarguais qui courbent le cou sous le joug. Lui est
grand et large, respirant la force du corps et la paix de
l'âme qui a pu se dompter. Il a l'aiguillon en main, comme
le laboureur de nos jours; il dirige la charrue d'un geste
ferme et trace le sillon, en chantant quelque cantilène

harmonieuse et monotone qui se marie au murmure du vent dans les oliviers, au froissement des feuilles de figuier, au crissement des cigales au soleil. Et le soir venu, quand le soleil a disparu dans la plaine du Rhône et que, une à une, s'allument les étoiles au ciel, le garçon de ferme reprend le chemin de la petite maison où deux femmes l'attendent pour le repas, deux femmes dont il est le seul soutien. Puis tous trois, sur le seuil de la porte, prient Dieu et le remercient de les avoir protégés dans leur exil.

II

Or, en l'année 371, l'évêque de l'église des Trois-Châteaux, saint Torquatus, vint à mourir. Les Trois-Châteaux étaient au nord de la Provence, mais non sur les bords du Rhône, à peu près à la limite actuelle du Dauphiné et du Venaissin. Bien que l'église des Trois-Châteaux ne comptât pas parmi les plus importantes, il ne fallait pas qu'elle restât longtemps sans évêque : les temps étaient troublés pour le catholicisme, un pasteur arien eût pu être imposé par l'empereur et l'hérésie eût dévasté le modeste diocèse.

Dans la primitive Église, et pendant des siècles, la nomination des évêques se faisait tout autrement que de nos jours. L'évêque était *élu* et non pas *nommé*. Il était élu par l'assemblée des prêtres et *du peuple*. Les résultats de l'élection étaient parfois originaux. Ainsi, à la fin de ce IVe siècle, à Milan, Ambroise, qui occupait une haute magistrature civile, était chargé de maintenir l'ordre parmi les électeurs qui ne s'entendaient pas. Soudain, dominant le brouhaha, une voix d'enfant se fit entendre, claire et pure : « Ambroise évêque! » Un silence, une acclamation unanime, et saint Ambroise, tout jeune et laïc, fut mis d'emblée à la tête d'un des plus importants évêchés de l'Empire.

Aux Trois-Châteaux, les choses se passaient plus modestement; mais, quoique le diocèse fût des plus humbles, Dieu montra avec quelle sollicitude il veillait sur ce coin du Dauphiné.

Voici la population tricastine réunie pour choisir un nouvel évêque. Tout d'abord, avec ses prêtres, elle implore de la miséricorde divine les lumières nécessaires à cette redoutable fonction. *Veni Creator Spiritus...*

Mais l'assemblée doit se séparer une première fois sans avoir fixé son choix. Elle se réunit de nouveau le lendemain, et nos Tricastins sont en ébullition. Quelques-uns ont vu cette nuit en songe un homme simple, fort et pauvre, au regard pur, et ont entendu une voix mystérieuse qui disait : « Voici Paul, le serviteur de Dieu! » D'autres sont restés en prière, implorant un signe; personne ne leur a parlé et pourtant ils ont compris : là-bas, dans les montagnes de Saint-Rémi, habite un homme simple, pur et craignant Dieu; il est humble aux yeux des hommes, mais il est grand aux yeux du Christ; il s'appelle Paul et c'est lui que le Seigneur réclame. Le nom de Paul court de bouche en bouche. Quel est ce Paul? Nul ne le connaît, ne l'a vu, ne lui a parlé. Mais Dieu l'a désigné et les catholiques des Trois-Châteaux l'élisent à l'unanimité.

Il s'agit maintenant de trouver le nouvel évêque, et voici quelques députés des Tricastins en campagne. Il a été révélé aux uns que le nouvel élu était à Saint-Rémi, aux autres que c'était un cultivateur. Les délégués se rendent donc à Saint-Rémi, s'informant partout de ce Paul mystérieux que nul ne connaît. Tout un jour se passe ainsi en recherches infructueuses. Mais les Tricastins ne se découragent pas. La vision leur a montré un ouvrier de la terre : il faut chercher dans les champs. Ils arpentent les montagnes, les maigres pâturages, demandant partout : « Connaissez-vous Paul? » Nul ne le connaît. Les envoyés sont bien las. Le jour baisse, un jour d'hiver, mais un jour du Midi, limpide et lumineux. Le soleil, bas sur l'horizon, éclaire une modeste ferme tapie dans les oliviers.

Fatigués, nos hommes entrent dans la cour. « Maître, disent-ils simplement, depuis deux jours nous cherchons en tous lieux un homme pieux et fort, aimé de Dieu, qui se nomme Paul. Le connais-tu ? » Le fermier étonné lève les yeux sur ses interlocuteurs. « J'ai un laboureur de ce nom, un domestique ; il est fort et actif, et jamais je ne l'ai vu contrevenir aux ordres de Dieu. Si c'est à lui que vous avez à faire, vous le trouverez au labour en tel endroit. Il est étranger au pays et n'y fréquente personne. »

Il s'appelle Paul et travaille aux champs non loin de là ! Les Tricastins ne sentent plus la fatigue, ils se remettent en marche. Hâtez-vous ! Pour la seconde fois depuis votre départ, le jour va disparaître et l'évêché est sans évêque. Le soleil est bas sur les collines, l'ombre gagne d'instant en instant ; les mystérieuses bestioles qui chantent pendant le jour se taisent une à une ; quelques chèvres bêlantes appellent leurs chevreaux ; bien loin en un vallon caché un berger module quelques sons pour rassembler ses bêtes. Un chant doux et rythmé se fait entendre au delà d'une haie de cyprès.

Un champ aux trois quarts labouré aligne aux derniers rayons du jour ses sillons déchiquetés ; des bœufs roux baissent la tête sous le joug ; le laboureur, grand, robuste, dirige le soc et parfois pique ses bêtes de son aiguillon. Alors son bras se lève comme pour bénir la terre qu'il féconde. Sa large silhouette se détache sur le globe solaire qui s'enfonce lentement vers l'horizon. Derrière lui des oiseaux picorent furtivement les graines et les insectes que le fer de la charrue a ramenés à la surface de la terre. Tout est calme, solennel ; Dieu règne sur ce champ labouré, sur ces oliviers tordus.

Les envoyés s'avancent. Surpris Paul arrête son attelage.

« Laboureur, quel est ton nom ?

— Je m'appelle Paul.

— C'est donc toi que nous cherchons depuis deux jours.

— Pourquoi me cherchez-vous? Étranger au pays, je n'y connais personne.

— Nous te cherchons pour t'annoncer que l'église des Trois-Châteaux t'a choisi pour être son évêque. »

Le soleil couchant met une caresse sur le front du paysan.

« Évêque? moi; alors, je ne suis pas le Paul que vous cherchez. Voyez, je ne suis qu'un pauvre domestique de ferme, ignorant de tout.

— Nous savons qui tu es. Mais nous savons aussi par révélation que Dieu t'a choisi. Le peuple ne veut pas d'autre évêque que toi. »

Les bœufs, doucement, mugissent, invitant le laboureur à reprendre sa tâche; le soleil allonge ses rayons éblouissants sur la terre que Paul ensemencera demain. Il n'est pas convaincu; paysan attaché à la glèbe, passionné pour son travail, songeant peut-être aux deux femmes dont il est le seul soutien, il ne perd pas de temps à argumenter. D'un geste large désignant aux Tricastins le champ où sa tâche est inachevée, puis enfonçant en terre son aiguillon : « Quand à ce bois mort des feuilles pousseront et des fleurs s'épanouiront, je me rendrai à votre appel. »

Une voix gutturale remet les bœufs en mouvement; chanson et travail reprennent, et les envoyés silencieux attendent. La charrue creuse son sillon, la terre chaude fume dans l'air qui fraîchit, le soleil a presque disparu. Un parfum étrange monte du champ, parfum du sol entr'ouvert, de la lavande de Provence, des herbes âcres que broutent les chèvres, parfum mystérieux de la terre féconde. Le paysan gaulois ne se laisse pas distraire de son labeur. Le soleil sera couché avant que le dernier sillon soit tracé : peu lui importent les Tricastins! Peut-être ne pense-t-il même plus à ces bonnes gens qui le veulent pour évêque. Arrivé au bout du champ Paul tourne lentement bœufs et charrue; sa carrure apparaît plus forte encore sur le ciel qui pâlit. Il a repris sa marche, mais s'arrête soudain. L'aiguillon piqué en terre est couvert de feuilles tendres et voici que de délicates fleurs blanches s'épanouissent à chaque nœud du bâton. Les Tricastins sont tombés à genoux; Paul, très simplement, vient à eux.

« Que la volonté du Seigneur soit faite ! »

Le laboureur a terminé son travail : que maintenant l'évêque sème à profusion le blé et le fasse fructifier; qu'il sépare l'ivraie du bon grain; que, rempli du Saint-Esprit, il protège au concile de Valence les catholiques contre les ariens.

« Celui qui méditera jour et nuit la loi du Seigneur donnera des fruits en son temps. »

Pour moi, en vous contant l'histoire de saint Paul des Trois-Châteaux, je pense à la parole de David : « Parce que tu te nourriras du travail de tes mains, tu seras heureux et comblé de biens. »

Nombre d'évêques se sont succédé en ce diocèse dauphinois; ils sont oubliés pour la plupart; mais, le 1er février, en souvenir du grand miracle, on porte solennellement, à la procession, un aiguillon enguirlandé de feuilles et de fleurs d'amandier.

SAINT MARTIN (316-411)

> « J'ai pris racine dans le peuple que le
> Seigneur a honoré et dont l'héritage est
> le partage de mon Dieu, et j'ai établi
> ma demeure dans l'assemblée de tous
> les saints. »

I

Me voici devant une des figures les plus populaires de
la Gaule chrétienne. Le nom de saint Martin est dans
toutes les bouches, son souvenir dans toutes les provinces
de France ; des églises lui sont dédiées de tous côtés.
« Saint Martin » est anonyme de « Charité ». Tous connaissent l'épisode du manteau partagé, mais beaucoup ne
connaissent que cela.

Martin naquit en 316, d'une famille païenne, en Pannonie (à peu près la Dalmatie actuelle). Son père était un
vétéran de l'armée romaine. Il connut probablement les
chrétiens dès son jeune âge. A dix ans, raconte-t-on, il
quitta la maison paternelle, fuyant, non pas ses parents,
mais le culte des faux dieux. Il alla en Italie se faire
instruire de la religion du Christ et rêvait de la vie des
solitaires d'Égypte. A seize ans il était simple catéchumène, n'ayant pas encore reçu le baptême. La loi romaine,
implacable, poursuivait le citoyen pour l'obliger au service militaire ou aux magistratures civiles, suivant la profession du père. Martin, qui n'avait aucune vocation pour
le métier des armes, chercha à s'y soustraire. Mais, traqué de toutes parts, il dut se soumettre et fut incorporé

dans la cavalerie pour de longues années. Voici donc notre solitaire, qui se nourrissait de racines, qui vivait à demi nu dans les bois, cuirassé, casqué, la lance au poing, le glaive au côté, hardi cavalier soumis à une dure discipline. Le voici dans une lointaine garnison du Nord, Amiens. A partir de ce moment il appartient à la Gaule. Amiens était un centre catholique : tout en faisant son service, Martin put y continuer en paix son éducation religieuse.

II

Nous sommes en hiver ; une bise aigre et froide balaye la grande plaine picarde, une bise chargée de neige. Des flocons indécis commencent à tomber ; les haies, les peupliers s'estompent vaguement dans un brouillard gris. Les branches dépouillées se tordent sous le vent ; quelques feuilles mortes tourbillonnent dans l'air glacé, puis viennent s'abattre sur le sol que la neige commence à couvrir.

Un cavalier suit à grande allure la voie romaine qui conduit à Boulogne, celle que parcourut Rictius Varus, il y a cinquante ans, pour venir condamner les disciples de saint Denis. Martin se presse, car la nuit va tomber, la nuit rapide et triste de l'hiver. Déjà Amiens se profile dans le crépuscule avec ses remparts, ses portes fortifiées, car il n'y a plus de villes ouvertes en Gaule depuis la grande invasion de 276. Le cheval, tête baissée, se hâte vers la ville ; ses sabots sonnent sur les dalles de pierre. Martin ramène sur ses épaules son grand manteau de soldat que le vent fait flotter derrière lui. Bientôt il est obligé de ralentir ; la circulation est de plus en plus active sur la chaussée à mesure qu'on approche de la ville où l'on ne pénètre que par une porte étroite. Des chariots, des convois de ruraux apportant leurs marchandises à Amiens, encombrent les alentours de la poterne ; on se presse, c'est à qui passera le premier. Martin s'arrête pour laisser la foule s'écouler, car il sort autant de personnes qu'il en rentre ; il range son cheval sur le bord de la route.

Près de la porte un mendiant accroupi implore vainement la charité des passants ; ses vêtements en loques laissent voir un corps bleu par le froid ; ses dents claquent, ses membres frissonnent. Instictivement, en le contemplant de loin, Martin s'enveloppe plus étroitement dans son manteau.

« Par pitié, bonnes gens !... » Les passants, pressés de rentrer chez eux, sont sourds à cet appel du malheureux. Le vent s'engouffre sous la porte, la neige se met à tomber en flocons serrés. La foule est plus clairsemée ; peu à peu Martin s'approche de la porte. Maintenant il frôle presque le vieux mendiant.

« Par pitié, seigneur soldat ! » Une pauvre main rouge et crevassée se tend vers lui. Martin jette un regard distrait sur celui qui l'implore. Les yeux du jeune soldat rencontrent les yeux suppliants du malheureux. Le cavalier frissonne d'horreur à la vue de tant de misère, et il n'a pas d'argent... Alors, d'un geste brusque, enlevant le manteau qui l'enveloppe, il le coupe en deux, couvre la nudité du mendiant, puis, remontant à cheval, sa moitié de manteau sur le dos, il cherche à fuir sous les quolibets des passants que son accoutrement amuse. Mais le rire moqueur se change en un cri d'effroi et d'admiration. Martin reste cloué sur place. Le ciel morne chargé de neige s'éclaire soudain d'un gai rayon de soleil, les oiseaux chantent dans les arbres qui se couvrent subitement de feuilles. Martin éperdu cherche le mendiant et voici qu'au lieu du pauvre hère courbé par l'âge et la misère, se dresse devant lui un être resplendissant de gloire et de beauté : le Christ, le Christ lui-même, la moitié du manteau sur les épaules, sourit au soldat qui tombe à genoux. Il le bénit et lui rend grâce pour sa charité. « Qui donne aux pauvres prête à Dieu et s'amasse au ciel des trésors qui ne rouillent pas et que les vers ne viennent pas détruire. »

Tel fut le premier miracle de saint Martin, miracle de charité. Le grand thaumaturge n'était pas encore baptisé.

III

Comme bien vous pensez, cet événement bouleversa Martin et le confirma non seulement dans sa hâte de devenir chrétien, mais aussi dans sa vocation religieuse. Peu après ce miracle resté si populaire, il put être libéré du service. Il acheva son instruction, reçut le baptême et partit. Il vint à Poitiers où Hilaire, déjà célèbre pour sa science et son éloquence, venait d'être élu évêque. Saint Hilaire de Poitiers est un des types les plus nobles du IVe siècle. L'énergie indomptable qu'il mit à combattre les ariens, son long exil en Orient, la pureté douce de cet évêque père de famille, ses discours, ses lettres, ses écrits de tous genres le mettent au premier rang dans cette époque tumultueuse, avec saint Jérôme, saint Athanase, saint Ambroise, saint Augustin, saint Jean Chrysostome. Il n'avait pas encore donné toute sa mesure lorsque Martin lui demanda de le prendre comme disciple.

Il est peu de tableaux que j'aime à évoquer comme la rencontre de deux saints sur la terre; il me semble que chacun d'eux reçoit comme un surcroît de grâce, comme une plénitude des dons que possède l'autre. Saint Denis me paraît plus grand lorsqu'il envoie saint Crépin et saint Crépinien à saint Quentin; la bénédiction de saint Germain consacrera sainte Geneviève; et quand saint Augustin nous raconte qu'il restait silencieux, regardant lire saint Ambroise et n'osant l'interrompre, je frissonne comme si je me trouvais moi-même avec lui.

Martin est tout jeune encore, son instruction est rudimentaire, il a la foi ardente et naïve des enfants; sa confiance en Hilaire est absolue. Dominé par l'idée de se retirer dans un désert pour y vivre en contemplatif, il est

Le Christ, lui-même, la moitié du manteau sur les épaules.

en même temps homme d'action. Hilaire a atteint l'âge mûr. Il a vécu dans le monde avant de se consacrer à Dieu, il a été païen avant d'être chrétien, sa science profane et religieuse est profonde. L'évêque vit rapidement à quelle nature d'élite il avait à faire. L'ardente vocation religieuse du jeune homme ne faisant aucun doute, il voulut le voir prêtre. Mais là, chose extraordinaire, il se heurta à une opposition absolue. Martin voulait être *moine,* il ne voulait pas être *prêtre*.

Au IVe siècle, on appelait moines (ce mot signifie *celui qui vit seul*) des Orientaux qui, pour fuir les tentations et les distractions du monde, se retiraient seuls ou par petits groupes dans les déserts de Syrie et d'Égypte. Leur sainteté, l'austérité de leur existence étaient célèbres. Rien de tel n'existait en Occident; ceux qui avaient la vocation monastique se donnaient à eux-mêmes une règle sévère et se retiraient généralement dans quelque forêt ou quelque lieu sauvage. Même en Orient, très peu de moines étaient prêtres et c'est ce qui vous explique que, tout en voulant suivre sa vocation religieuse, Martin ait pu refuser d'être ordonné.

Mais avant de réaliser son rêve d'enfance, de jeunesse, de toujours, l'ancien soldat devait traverser encore bien des épreuves. Ardent apôtre en même temps que nature contemplative, nous allons le voir faire un trajet insensé pour enseigner à son père et à sa mère la mystérieuse parole du Christ : « Nul ne peut entrer dans le royaume des cieux s'il ne naît une seconde fois. »

Vous figurez-vous ce voyage d'un homme seul, depuis Poitiers jusqu'en Pannonie, presque la Hongrie actuelle? Pourtant Martin n'hésite pas : le grand chrétien se doublait chez lui du hardi soldat qui a fait maintes campagnes. De solides voies romaines sillonnaient tout l'Empire, escaladant les montagnes, redescendant vers les plaines. Mais la traversée des Alpes n'était pas sans danger. En dépit des routes, des relais, des refuges, voleurs et brigands assaillaient les voyageurs isolés. Des hameaux entiers vivaient certainement de [cette industrie. L'effrayante réputation des Alpes ira encore en augmentant au milieu de la confusion des siècles suivants et il faudra l'intervention de saint Bernard de Menthon, au Xᵉ siècle, pour ramener un peu de sécurité dans les montagnes.

Martin se met donc en route et passe les Alpes, probablement au col du Petit-Saint-Bernard. Le voici assailli par une bande de brigands. Représentez-vous ce tableau : un défilé étroit, des roches abruptes, un torrent au fond de la gorge, des sapins s'élevant tout droit vers le ciel ou des mélèzes courbés par le vent, inclinés tous dans le même sens; sur la route qui surplombe le *nant* un cavalier s'avance seul. Il laisse flotter les rênes, absorbé par son double rêve : d'abord faire de ses parents des chrétiens, puis, de retour en Gaule, s'enfermer en quelque solitude et passer sa vie, si longue doive-t-elle être, à servir et à contempler Dieu. Martin songe et le pas de son cheval le berce. La gorge est obscure, le mugissement du torrent couvre tout autre bruit. Soudain le voyageur est entouré d'hommes d'aspect rébarbatif, à peine vêtus de peaux de chèvres et de braies de laine, qui sautent à la tête du cheval effrayé. L'un se jette sur Martin, le couteau levé, l'autre se précipite sur le modeste bagage suspendu à la selle. Brutalement rappelé à la réalité, Martin ne cherche pas à parer le coup qui le menace, ni à éperonner son cheval pour fuir. Le regard surpris, il paraît cependant aussi calme que s'il était entouré de visages amis. Les brigands impressionnés par ce sang-froid reculent, le couteau tombe de la main de l'agresseur, le cheval recouvre sa liberté de mouvement.

« N'as-tu donc pas peur, seul en ce lieu sauvage, loin de tout secours? demande un des bandits. — Non, répond paisiblement Martin, car vous ne pouvez rien sur moi : mon Dieu me protège. »

Et le voilà, au milieu des voleurs, dans ce site écarté, au bruit tumultueux du torrent, qui se met à prêcher l'amour de Jésus-Christ, l'amour du prochain, la foi en Dieu. Fit-il là une seule conversion? Son historien, Sulpice-Sévère, ne nous le dit pas, mais il signale que les brigands, interdits, le laissèrent continuer sa route sans lui faire aucun mal. Ce même Sulpice-Sévère, ami de saint Martin, nous raconte une autre aventure du hardi voyageur, en ces montagnes sauvages.

Il chevauchait, sur quelque sentier taillé en corniche au-dessus du gouffre, lorsqu'un être étrange surgit du milieu du chemin. Surpris, Martin s'arrête. Est-ce un homme? Il ne sait... Ce regard de feu, ces traits grimaçants, ces allures félines, cette persistance à le regarder, ce rire sauvage, satanique : Martin ne doute plus. Sur ces montagnes les païens ont élevé de place en place des statues de Pan, de Jupiter, de Mercure. Peu importe le nom de l'idole : toutes sont des démons, et c'est Belzébuth lui-même qui habite ces solitudes et lui apparaît pour le séduire ou le perdre. Vous croyez que le voyageur, saisi d'épouvante, va chercher à reculer, à fuir le démon? Point. Martin a une confiance absolue en la protection que Dieu lui accorde; aussi, continuant paisiblement sa route dangereuse, il interpelle l'inconnu, lui parle comme à un passant inoffensif. Et voici le diable marchant à côté du saint, s'entretenant avec lui, ne faisant aucun mal ni à son âme ni à son corps, subjugué par l'extrême pureté du futur évêque de Tours. Puis il disparaît aussi soudainement qu'il était apparu.

C'est après plusieurs aventures de ce genre que Martin arriva enfin auprès de ses parents qu'il avait quittés à l'âge de dix ans. Il eut la joie, nous dit Sulpice-Sévère, d'amener sa mère à la connaissance de la vraie foi, mais il rencontra chez son père une résistance invincible. Ce père, digne des vieux Romains, avait jadis dénoncé lui-même son fils aux autorités militaires, alors que celui-ci cherchait à se soustraire au service; et je m'imagine qu'il y eut toujours, dès ce moment, une barrière douloureuse entre le père et le fils.

Martin resta quelque temps près des siens. Mais les hérétiques ariens, maîtres du pays, qui y avaient prêtres et évêques, le persécutèrent. Poursuivi, chassé, il repartit, mais non pas vers la Gaule où la persécution arienne contre les catholiques sévissait comme en Orient. Hilaire, coupable d'avoir adressé une énergique supplique à l'empereur au sujet des évêques ariens d'Arles et de Milan, venait d'être exilé au fond de l'Asie-Mineure. Martin ne voulut pas rentrer en Gaule pour y trouver vide la maison de son maître bien-aimé. Il gagna d'abord Milan, résidence impériale, mais n'y resta pas longtemps. L'évêque, l'arien Auxentius, eut tôt fait de découvrir l'ami de saint Hilaire et de le chasser de son diocèse. De nouveau errant, le malheureux Martin, arrivé à l'âge mûr sans avoir, semble-t-il, rien fait qui pût retenir l'attention, finit par se réfugier dans un îlot désert du golfe de Gênes. Un prêtre catholique de Milan s'y enferma avec lui. Ils vécurent là, obscurs, misérables, pendant des mois, peut-être des années.

Il semble que l'histoire de saint Martin va finir avec cet ensevelissement volontaire. Il avait alors quarante-quatre ans, et nul ne le connaissait que saint Hilaire exilé en Asie.

IV

Et pourtant la mission de Martin commence à peine. Son œuvre immense n'est pas encore à ses débuts; il n'a pas encore donné sa mesure et, seul, un évêque persécuté a compris la valeur de l'homme.

Hillaire, libéré, débarque en Italie. Comment, dans sa solitude, Martin apprit-il cette immense nouvelle? On ne nous le dit pas, mais elle dut lui parvenir tardivement; car l'anachorète quitta immédiatement son refuge pour rejoindre saint Hilaire à Rome et ne l'y trouva déjà plus. Rome ne retint pas un instant Martin, qui, simple de cœur, mais ferme dans son dessein, voulait Hilaire, et ne voulait que

Et voici le diable marchant à côté du saint.

lui. Il part, il recommence son dangereux voyage à travers l'Italie et la Gaule, suivant Hilaire à la trace et ne réussissant à le rejoindre qu'à Poitiers. Qu'elle dut être douce, cette réunion des deux saints amis après tant de fatigues, tant de souffrances ! L'évêque et son disciple sont deux confesseurs ; ils ont souffert pour la pureté de la foi, ils ont été chassés de leurs foyers, loin de leurs familles ; ils ont tout enduré pour Dieu sans attendre nulle récompense. Et voilà que cette maison où Hilaire reçut Martin catéchumène les réunit de nouveau, que ses murs se renvoient l'écho de leurs pieux entretiens, que les tentures gardent le secret de leurs projets.

Martin n'a pas changé au cours de ces années d'épreuve ; sa résolution est inébranlable. Le rêve de sa jeunesse est enfin exaucé. Hilaire ne le retient plus près de lui, et non loin de Poitiers, à Ligugé, il fonde le premier monastère de Gaule, peut-être de tout l'Occident.

Martin s'était retiré du monde pour être tout à Dieu et passer la fin de ses jours dans l'obscurité ; mais Dieu avait besoin de son fidèle serviteur pour une œuvre terrestre. La Gaule, vers 360, était en majorité chrétienne dans les villes et, en raison même de la lutte âpre entre ariens et catholiques, toute l'élite intellectuelle s'intéressait aux questions religieuses. Tout le monde avait entendu parler des saints qui se retiraient dans les déserts d'Égypte, de la vie surnaturelle qu'ils y menaient ; mais cela se passait sous d'autres cieux, ces hommes étaient d'une autre race. Pour un peu, l'on eût dit que c'étaient des anges et non des hommes. Et voici qu'en pleine Gaule, insensibles au froid, à la faim, insoucieux des besoins les plus élémentaires de la vie, quelques hommes renouvelaient le miracle de la Thébaïde !

Dans leur solitude, Martin et ses compagnons ne se doutaient guère de l'intérêt et de la curiosité qu'ils excitaient. Hilaire mort en 368, le dernier lien qui retenait Martin au monde extérieur était rompu. Cependant, en 371, s'éteignait l'évêque de Tours. Les fidèles, enflammés par les récits qu'on leur avait faits de la sainteté de Martin, ne voulurent pas d'autre chef pour leur diocèse et l'élurent avec enthousiasme.

Je ne vous ai pas parlé de Tours depuis l'époque, pas très lointaine pourtant, où saint Gatien, l'un des sept évêques, avait tant peiné chez les Turons, et avec si peu de succès. Le temps avait marché, le druidisme était refoulé vers la Bretagne; peu à peu, sans presque s'en douter, les Turons étaient devenus en majorité chrétiens. C'était toujours la même race, aimable, souriante, intelligente et fine (le choix qu'elle fit du moine de Ligugé le prouve bien). Mais quel chef énergique se donnaient ces indolents!

L'évêque élu, il s'agit maintenant *d'enlever* le moine à son couvent pour l'installer dans sa chaire épiscopale. Martin refusa l'épiscopat comme il avait jadis refusé la prêtrise; il se trouvait trop humble pour un poste si élevé. Ce contemplatif se croyait incapable de la vie active, du rôle de chef d'un évêque au IVe siècle. Quelles ruses, quelles violences durent déployer les envoyés turons pour le faire sortir de sa clôture! Les voici chevauchant à toute allure, entraînant comme un prisonnier l'homme devant qui ils s'agenouilleront demain.

La population est en effervescence; des courriers envoyés en avant annoncent la prochaine arrivée de l'évêque et de son escorte; on se presse dans l'église cathédrale. Les évêques voisins sont là, revêtus de leurs ornements liturgiques, entourés de lumières; la fumée de l'encens parfume la basilique. Une rumeur lointaine emplit les rues, se change bientôt en acclamations : Martin paraît.

Le voyez-vous, l'anachorète de Ligugé, le voyez-vous, à peine descendu de cheval, porté plutôt que conduit dans la maison divine? Il est tel que l'ont trouvé ses ravisseurs : la barbe et les cheveux incultes, à peine vêtu d'une tunique en poil de chameau, l'attitude humble, effarée; ses yeux lumineux, habitués à contempler l'éternité, errent sur cette foule immense.

Peu importe cet extérieur étrange au peuple qui a reconnu un saint. Mais les évêques reculent, offensés; ils se retirent à l'écart, délibèrent entre eux, puis protestent contre cette élection : un tel sauvage déshonore la fonction épiscopale. Defensor, prélat d'Angers, va même jusqu'à déclarer qu'il n'ordonnera pas le nouvel élu; car Martin n'était même pas prêtre. Quel tumulte dans l'église quand les évêques font part de leur résistance, lorsque surtout Defensor s'oppose à l'ordination et à l'intronisation de Martin! Déjà l'émeute gronde, déjà les menaces sourdent de toutes parts. Un des assistants saisit un manuscrit des livres de David et l'ouvre au hasard pour *tirer les sorts.*

Cette pratique, que l'Église finit par interdire, était une une véritable continuation des mœurs anciennes. Celui qui, ouvrant un livre saint, posait son doigt au hasard sur un verset dont il appliquait le texte à la situation présente, était dans le même état d'esprit que celui qui cherchait l'avenir dans le vol des oiseaux ou les entrailles des victimes.

Le Turon a ouvert le livre et lit un verset où il est question de détruire *l'ennemi* et le *defenseur*. Le peuple se lève d'un bond, entoure l'évêque d'Angers qui, tremblant, revient sur sa décision et promet d'imposer les mains sur Martin. Alors la foule calmée participe avec piété à la cérémonie du sacre. Martin avait alors cinquante-cinq ans. Dieu, qui lui refusait cette obscurité qu'il implorait, allait faire de lui le grand apôtre des campagnes de la Gaule, le destructeur des idoles, le saint le plus populaire du haut moyen âge.

Il y a un fait, que vous n'avez peut-être pas remarqué depuis que je vous raconte l'histoire des saints de Gaule : c'est que je vous parle très souvent des villes et très rarement des campagnes. Pourquoi les apôtres de notre pays s'installaient-ils tous dans les villes et de préférence dans les grandes villes? Je vois à cela trois raisons : d'abord ils pouvaient plus facilement y réunir un grand nombre de fidèles et, par conséquent, travailler plus efficacement à la conversion du pays; ensuite, pendant les persécutions, les missionnaires passaient plus inaperçus dans les grandes cités que dans les campagnes; enfin, dans les centres instruits, intellectuels, raffinés, ils pouvaient, après avoir touché le cœur de la masse, pénétrer dans le cerveau de l'élite. Une seule conversion dans les hautes classes de la société pouvait en amener beaucoup d'autres. C'est, nous l'avons vu, ce qui détermina les plaintes des pontifes païens contre saint Firmin et saint Quentin. Je ne veux pas dire, du reste, qu'il n'y eût pas de chrétiens dans les campagnes, mais ils y étaient plus rares que dans les villes.

Je dois aussi vous expliquer ces mots de *païen* et de *paganisme*. Ils ont l'un et l'autre la même origine *paganus* (paysan), d'où nous avons tiré les deux expressions *paysans* et *païen*. Au IVe siècle, les *paysans* (habitants des campagnes) étaient les païens adorant les idoles, s'adonnant à mille superstitions; et les *païens* adorateurs des faux dieux étaient les paysans, car ils peuplaient les campagnes.

Il est probable qu'au cours de ses longs voyages à travers la Gaule et les Alpes, Martin avait été douloureusement impressionné à la vue du culte des idoles répandu dans les villages, des arbres sacrés dans les forêts, des fontaines qu'adoraient encore les Gaulois, des temples que l'administration de l'Empire laissait debout, et de ces mille pratiques : feux dans les campagnes, plantes magiques, pierres mystérieuses que l'on consultait, formules oratoires, dont se nourrissait le peuple et où lui, le grand chrétien, voyait la lutte entre le démon à demi vaincu et le Christ. Il avait médité cette question de l'évangélisation des campagnes pendant ses années de retraite à Ligugé. L'habitude de la vie contemplative lui avait appris à lutter corps à corps contre le démon, d'abord dans ses manifestations (découragement, désespoir, tentation) puis sous une forme palpable; car Sulpice-Sévère nous dit que Jupiter, Diane, Vénus, lui faisaient une guerre incessante.

A partir de 372, cet homme prodigieux mena de front une triple vie. Évêque de Tours, il administra sévèrement son diocèse, combattit les hérésies et joua dans cette lutte dangereuse un rôle important. Apôtre, il parcourut inlassablement une grande partie de la Gaule. Moine, éloigné à jamais de Ligugé, il fonda le monastère de Marmoutier où il aimait à se reposer de temps en temps de ses travaux apostoliques, en menant près dé ses religieux la vie ascétique la plus rude.

C'est au pied de ces collines de pierre tendre où l'homme creuse facilement des grottes, au bord de la Loire, que Martin fonda son deuxième monastère. Ce lieu fut bientôt célèbre sous le nom de Marmoutier (*Majus Monasterium*), le grand monastère. Moutier ou Moustier est en vieux français la forme de « monastère », forme que nous retrouvons dans plusieurs noms de villes. Quatre-vingts moines se rangèrent avec enthousiasme sous la règle austère de Martin. Aucun religieux ne possédait rien en propre et n'avait le droit ni de vendre ni d'acheter ; chacun vivait dans sa cellule faite de branchages ou creusée dans le roc, et n'en sortait que pour les prières ou les repas en commun. Et quels repas ! Des fruits, quelques légumes, de l'eau. Les moines les plus jeunes se livraient déjà à ce qui sera la grande occupation des religieux du moyen âge : la copie des livres saints. Les plus âgés menaient la vie purement contemplative et priaient. Chose remarquable, Martin ne recommandait pas à ses disciples le travail des mains qui sera si en honneur dans les autres ordres d'Occident et nous vaudra tant d'œuvres utiles et de merveilles. Tel était le milieu où l'évêque de Tours se réfugiait quand il en avait le loisir ou que le monde l'avait trop durement blessé. Nous connaissons le nid, suivons maintenant l'oiseau qui s'en échappe, le grand pêcheur qui, tel le pélican, est prêt à donner sa vie pour sauver ses enfants.

Il commence la lutte contre l'idolâtrie dans son propre diocèse. Non loin de Tours, là où est actuellement la ville d'Amboise (c'était alors la pleine campagne), s'élevait une idole. Il s'agissait, raconte Sulpice Sévère, d'une tour conique très élevée, en pierre polie, monument druidique sans doute, disent quelques historiens. La description de l'édifice semble infirmer cette hypothèse. En tous cas, vous savez que le druidisme, plus pur et plus moral que la religion romaine, reculait lentement des bords de la Loire vers les forêts bretonnes. Ce monument était en grande vénération et faisait obstacle aux conversions dans la contrée. Martin le savait et plusieurs fois avait recommandé au prêtre résidant dans le bourg voisin de le démolir. Ce prêtre, du nom de Marcel, avait candidement répondu : « Comment le pourrais-je? une légion de soldats suffirait à peine à ce travail et vous voulez qu'un simple moine, avec quelques compagnons infirmes, s'en charge. » Marcel n'avait pas la foi qui soulève les montagnes, et le monument païen continuait à dominer le pays au grand dam de la religion du Christ. Martin résolut donc d'agir lui-même.

Il arrive à cheval avec son clergé, est reçu respectueusement par Marcel, avec une hostilité non déguisée par les païens qui le haïssent mais le craignent.

Le voici, le soir, devant la tour maléfique, au milieu de la foule. Que va-t-il faire? Mettre le pic et la pioche dans cette masse de pierre? Foudroyer ses défenseurs? Non. Martin se met en prière. La pyramide se détache, insolente sur le ciel de la Touraine, et voici qu'une tempête terrible s'élève, une tempête telle qu'on n'en voit jamais en cette paisible région. Le vent hurle comme dans les gorges des Alpes que Martin traversa jadis. Les hommes affolés s'enfuient ou se couchent à terre, les femmes se cachent le visage en pressant leurs enfants contre elles. L'évêque prie toujours. Sous l'effort de la tourmente, la tour maudite s'ébranle, s'affaisse avec fracas. Les Chrétiens poussent des cris d'admiration, un hymne s'élève vers le Ciel, cependant que les païens atterrés se soumettent sans résistance au faiseur de miracles.

Et Martin renouvelle des exploits de ce genre en maints lieux de son diocèse, dédaigneux des menaces qui ne lui sont pas épargnées, des dangers de telles expéditions. C'est certainement un des traits les plus remarquables de son caractère que cette calme intrépidité, cette certitude absolue du succès, du moment qu'il travaille pour sa religion.

Le voici à Louroux, sur les confins de la Bretagne et de l'Anjou. Un temple païen y est fréquenté par une population fanatique. Il vient le détruire par des moyens purement humains. Ne croyez pas qu'il va faire travailler ses ouvriers en cachette, la nuit. Ce serait mal le connaître. Malgré leur terreur, il leur fait entamer leur dure besogne en plein jour. Les païens sont là qui se lamentent, crient, injurient, menacent sans oser en venir à la violence, car devant eux se dresse un vieillard au corps exténué mais dont l'âme ardente est invincible. Et de ce vieillard émane une telle force que les païens, ne croyant plus en leurs dieux, se jettent au pied de Celui de Martin.

Mais parfois les campagnards, sachant que le redoutable évêque allait arriver, se réunissaient et formaient une véritable petite armée pour la défense de leurs idoles. On raconte qu'un jour Martin fut assailli par une bande de paysans armés qui le séparèrent de ses compagnons et ne cherchaient rien moins qu'à le massacrer. Voyez cette troupe d'hommes à demi sauvages, animés par la colère, par le sentiment qu'ils défendent quelque chose de sacré. Voyez leurs armes : couteaux, haches, faux, tout leur est bon pour exterminer l'évêque. Et lui est seul au milieu de ces forcenés, perdu sans ressource. Déjà l'un des bandits l'a saisi à la gorge, lève son arme. Martin parvient à dégager sa main droite, trace dans l'air le signe de la croix ; la lame dévie. L'homme terrifié, sans force, laisse retomber son bras. Le sang-froid du prélat a accompli un nouveau miracle.

Le zèle de Martin ne se limitait pas à son seul diocèse. En ces temps de foi ardente et généreuse, de profonds troubles politiques et religieux, il semble que la devise des évêques catholiques fût : chacun pour tous, tous pour chacun. Nous les voyons pénétrer les uns chez les autres pour accomplir ce qu'ils regardent comme un devoir, comme une mission. L'évêque Hilaire de Poitiers s'immisce dans les affaires de Milan; Ambroise de Milan intervient chez les ariens de Sirmium; Martin de Tours dirige ses expéditions un peu partout en Gaule. Aussi trouvons-nous dans les régions les plus diverses de la France des églises, des villages, sous le vocable de saint Martin. Le diocèse d'Autun fut un des principaux théâtres de ses pieux exploits. Plus tard, Brunehaut lui consacra une abbaye à Autun. Et je sais un petit pays sur les confins de la Côte-d'Or et de Saône-et-Loire où le souvenir de saint Martin est très fidèlement gardé. L'église, ancienne et belle, lui est dédiée. Un val abrupt et tourmenté qui conduit d'une gorge étroite à la *chaume* des sommets a nom Val Saint-Martin; et lorsque vous débouchez de ce val sur le plateau, si vous voulez vous reposer sur quelque roche usée par l'érosion, on vous montrera une empreinte creuse en forme de bras replié. C'est, dit la légende, celle du coude de saint Martin. Je vous cite ce petit coin parce que je le connais; en combien d'autres trouverez-vous le souvenir du passage de l'évêque?

Je suis convaincue que c'est en une forêt de l'Autunois que se produisit le miracle que je vais vous raconter, car ces bois profonds et mystérieux, ces vallées et ces montagnes sauvages étaient tout indiquées pour conserver longtemps ce culte des arbres qui distingua nos ancêtres gaulois. Une forêt sombre, des sentiers sous bois servant aux charbonniers, un ruisseau rapide qui s'échappe d'une fontaine peut-être vénérée. Dans la clairière s'élève droit vers le ciel un immense sapin. Le fût est robuste et lisse, la tête dépasse celle de tous les arbres du voisinage; les branches projettent une ombre épaisse. Nul n'oserait y porter la cognée : cet arbre majestueux est un dieu. On le prie, on le craint, on l'adore, on lui fait des offrandes.

Martin parcourait la campagne d'Autun. Il savait combien le culte des dieux romains et gaulois restait tenace en ces parages. Il ne cacha donc pas son intention d'abattre l'arbre sacré et bien d'autres s'il le fallait, pour extirper la superstition de ce lieu. Avec son escorte de moines et de bûcherons il pénètre dans le bois, sans souci de déranger quelque nymphe ou quelque pan. Une croix sur la poitrine, il s'enfonce hardiment dans la forêt. Les moines le suivent non sans trembler. Une population hostile, aux regards mauvais, s'amasse autour d'eux, les escorte obstinément. Des chuchotements, des coups d'œil enflammés, des gestes de menace à peine réprimés montrent assez les intentions de la foule. L'évêque toujours paisible, le regard toujours fixé sur quelque vision intérieure, continue sa marche. On arrive à la clairière. Le sapin se dresse dans sa force orgueilleuse, et ses adorateurs l'entourent. Martin reste impassible et son impassibilité finit par en imposer à la foule. Alors une transaction singulière est passée entre les deux partis. Les païens s'avancent vers l'évêque et, contenant leur colère et leur ironie : « Si tu as confiance au Dieu que tu sers, disent-ils, reste sous cet arbre et nous nous engageons à l'abattre nous-mêmes. Ton Dieu étant avec toi, tu ne dois avoir rien à craindre. » Martin, en effet, ne craint rien. Il accepte sans hésiter la proposition, son arrêt de mort, croient les païens. Il se laisse saisir et lier étroitement à un poteau dans la direction prévue pour la chute du géant. Les païens rient de sa confiance, les moines épouvantés s'écartent et se mettent en prière. Et les branches du sapin bruissent doucement vers le ciel. Quelle scène ! La joie satanique et le délire d'un côté ; la terreur et le désespoir contenu, de l'autre ; un arbre puissant que la cognée entame toujours plus profondément, dont le tronc commence à craquer ; un vieillard étroitement ligoté qui regarde paisiblement la masse qui va l'écraser.

Déjà le tronc s'incline vers Martin d'une façon sinistre ; un coup de hache encore et tout sera fini ! Les moines se cachent le visage, les païens se taisent, regardent, frissonnants, prêts à jeter un cri de triomphe. Avec un craquement terrible l'arbre s'abat, lentement d'abord. Une seconde encore, et Martin est broyé. Mais le noble évêque lève sa main droite et esquisse le signe de la croix. L'arbre tournoie sur lui-même et vient s'abattre loin de Martin. D'un mouvement unanime, païens et chrétiens délivrent le saint, puis, tandis que les chrétiens entonnent un chant d'action de grâce, les paysans, vaincus par le miracle, s'agenouillent et demandent le baptême. Pour conserver en ce lieu le souvenir de la protection que Dieu accorda à son fidèle serviteur, Martin fit élever une chapelle à la place de l'arbre abattu, suivant le système auquel il resta toujours fidèle. Il connaissait les hommes, savait quelle est chez eux la force de l'habitude. Là où les paysans avaient coutume de se réunir pour invoquer un être imaginaire, lui offrir un sacrifice, ils continueraient de venir pour prier Dieu, entendre la messe. Et s'ils venaient pour des réjouissances, la fête serait dorénavant en l'honneur de Jésus et de ses saints. Bien des fêtes actuelles, bien des coutumes locales sont l'héritage d'une tradition païenne transportée dans le monde chrétien. Pour n'en citer qu'une des plus connues : les grands feux de joie qui s'allument pour la Saint-Jean ou au commencement du carême, autour desquels les villageois dansent en chantant, sont le souvenir des feux qu'allumaient les Gaulois pour célébrer le solstice d'été (21 juin) ou l'équinoxe du printemps (21 mars).

Saint Martin multiplia les miracles. Il faudrait un volume pour les relater tous. Laissez-moi vous montrer encore comment il commandait aux animaux même les plus sauvages et les moins intelligents.

Un jour, il se reposait avec quelques moines au bord d'une rivière, la Vienne, je crois. Il se distrayait à suivre des yeux les rapides allées et venues des poissons dans l'eau et le manège des oiseaux aquatiques qui, après avoir longtemps fait le guet, fondaient comme une flèche sur une tanche ou un goujon. Il regardait particulièrement l'un d'eux, aux ailes bleues, au ventre chatoyant, à la queue courte, au bec long et acéré, qui se dissimulait dans les roseaux ou les branches d'un saule, puis fondait sur sa proie avec un succès sans cesse renouvelé. Dans son bec, les poissons argentés se tordaient en tous sens sans pouvoir échapper à son étreinte. Soudain l'homme au cœur compatissant qui jadis avait partagé son manteau avec un malheureux, se sentit ému devant cette hécatombe de poissons. Comme le pêcheur s'élançait de nouveau : « Cela suffit, dit doucement l'évêque, laisse en paix ces petits poissons qui, comme toi, sont des créatures de Dieu. » Et l'oiseau, s'arrêtant subitement, fit volte face et s'enfuit avec un cri aigu. C'est en souvenir du saint que le martin-pêcheur fut ainsi nommé.

Savez-vous que le nom générique de « Martin » donné aux ânes et aux ours vient aussi d'une aventure de voyage du grand saint? Il se rendait de Gaule en Italie, voyageant à cheval accompagné d'un seul prêtre. Un modeste baudet portait le bagage des deux pèlerins. Un jour, je ne puis vous dire où, car nos vieux conteurs sont sobres de détails géographiques, mais cela devait être aux limites de la Bourgogne et du Lyonnais, un jour, donc, nos voyageurs s'arrêtent non loin d'un bois pour se reposer et laisser passer la grosse chaleur du jour. Chevaux et âne sont déchargés, entravés, laissés libres de pâturer. Les deux moines s'endorment paisiblement. Pendant leur sommeil, l'âne, broutant, arrive à la forêt d'où débouche un ours qui le dévore sans plus de façons. Sur ces entrefaites le compagnon de Martin se réveille, voit l'ours à la place de l'âne, s'épouvante. Il y a là certainement quelque vengeance de ces démons à figures de faux dieux. Le moine appelle Martin, lui conte son émoi. Notre évêque à demi endormi encore, se dresse et, sans la moindre crainte s'avance vers l'ours. Il le domine par la seule puissance de son regard, par ce fluide mystérieux qui émane de certaines âmes, et parle sévèrement au féroce animal qui, tout tremblant, se couche à ses pieds. « Puisque tu as dévoré mon pauvre âne sans y être obligé par la nécessité, conclut Martin, que par là tu nous a privés de son aide, et que nous ne pouvons pourtant pas renoncer à notre voyage, tu remplaceras notre humble compagnon, tu porteras notre bagage au delà des monts et tu nous seras soumis comme il l'était lui-même. »

Puis, délibérément, le grand apôtre bâte l'ours de la forêt, le charge des provisions, remonte à cheval avec son ami et part. Et l'ours, dompté, subjugué, suivit les deux compagnons jusqu'en Italie, resta docilement au service des voyageurs, retourna avec eux en Gaule. Arrivés à la forêt où le forfait avait été commis, les pèlerins s'arrêtèrent et Martin, s'adressant à son ours : « C'est bien, dit-il, tu t'es comporté en bon serviteur; tu t'es efforcé de remplacer ta victime, ta pénitence est terminée. Je n'exige pas que tu nous suives plus loin. » Déchargé, l'ours docile disparut silencieusement à l'orée du bois.

VI

> « Rendez à César ce qui est à César,
> et à Dieu ce qui est à Dieu. »

Nous connaissons chez saint Martin le soldat, le moine, l'apôtre des campagnes, le thaumaturge. Il nous reste à voir l'évêque, chef à la fois politique et religieux, dans ses rapports avec les autres prélats : point très important, car, pendant des siècles, les évêques ont joué en Gaule, puis en France, un rôle actif. Intermédiaires entre le peuple et le prince, chefs des cités pendant les invasions, protecteurs des faibles, animateurs des puissants, ils étaient les vrais soldats de la foi. Hilaire, Ambroise furent des chefs catholiques redoutés des Ariens. Martin, lui, fut l'avocat de la justice et de la charité dans l'affaire des priscillianistes.

Peu vous importe, n'est-ce pas, en quoi consistait cette hérésie venue d'Espagne? Sachez seulement qu'elle prit des proportions inquiétantes, causa des émeutes avec effusion de sang, que l'Empire s'émut. Cette affaire qui eût dû rester purement religieuse, devint rapidement politique. Martin était un personnage trop en vue dans la Gaule pour ne pas y être mêlé, malgré son éloignement pour le monde. Il partit pour Trèves où résidait l'empereur, jeta dans la lutte son grand esprit de foi et de charité, subit tour à tour les marques d'honneur et les manifestations de haine, endura tout pour l'amour du Christ, et finit, après des mois de lutte, par remporter la victoire : l'unité de l'Église était sauve, et la charité envers les coupables triomphait.

Mais le drame avait épuisé les forces de ce vieillard de quatre-vingts ans. Rentré à Tours, résolu à s'absorber dans la contemplation, il ne se sentait plus le même, n'avait plus la même foi en lui. Mais sa charité restait entière, et Sulpice Sévère raconte à ce propos la touchante histoire que voici :

Un commissaire impérial passait par Tours, escortant des prisonniers politiques qui devaient être exécutés le lendemain. La ville était déjà un point de rencontre entre le nord et le sud, un relai désigné pour les voyageurs. Le commissaire Avitianus fait donc halte, s'installe dans une maison qui lui avait été préparée, tandis que les captifs sont entassés dans quelque souterrain pour leur dernière nuit. Martin, premier personnage de la cité, est immédiatement informé. Sans retard il quitte sa retraite : sauver des corps, c'est souvent sauver des âmes! Il arrive en suppliant à la maison d'Avitianus, mais le fonctionnaire impérial, qui sans doute a reçu des ordres, ne répond même pas à l'appel du saint. Sa porte reste hermétiquement close. Que faire? Martin n'hésite pas : il faudra bien qu'au matin cette porte s'ouvre pour livrer passage aux serviteurs et au commissaire lui-même. On n'exécutera les prisonniers qu'après avoir passé sur son propre corps. Couché sur le seuil, il attend en priant en silence ; celui qui, par une froide soirée d'hiver, s'est dépouillé de son manteau pour en couvrir un mendiant, passe la nuit sur une dalle de pierre, tout transi, pour implorer la grâce de quelques malheureux. Quand le jour paraît, les serviteurs paraissent pour vaquer à leur travail, et se trouvent en présence de l'évêque lui-même, glacé, frissonnant de froid, de fatigue et d'angoisse, agenouillé dans la plus humble posture. Tant de charité, de persévérance, d'abnégation ont raison d'Avitianus qui, vaincu, remet les condamnés à l'évêque.

Cette bonté infatigable faisait dire que, par une grâce singulière, les magistrats les plus cruels devenaient miséricordieux en touchant le pavé de la ville de Tours.

VII

Martin a quatre-vingt-quinze ans, ses forces diminuent ; il sent avec joie que sa longue vie touche au terme ; mais il travaillera à la paix de Jésus-Christ, qu'il avait juré de toujours garder, jusqu'au tombeau, jusque par delà le tombeau. Un différend s'était élevé dans le clergé de la petite église de Candes, sur les limites du diocèse d'Angers. Le vieil évêque, bien usé, bien cassé, voulut aller lui-même apaiser les esprits, afin, dit-il, de finir sa vie par la paix. Il ne devait pas, en effet, revenir de ce voyage. Le voici à Candes. Le trajet a eu raison de ses forces qu'il n'avait jamais su ménager ; la fièvre se déclare, le malade s'affaiblit de jour en jour, c'est la fin.

Mon Dieu, que deviendra la Gaule, si vous nous reprenez Martin ?

Le malade n'admet aucun adoucissement à la rude règle de sa vie. Moine de Marmoutier, jusqu'à la dernière minute il gardera le cilice qui meurtrit son vieux corps exténué, il couchera sur la cendre où aucun repos ne vient plus le trouver. Vous vous figurez facilement le désespoir de ses moines, de ses prêtres, de la population entière.

« Pourquoi nous quittes-tu, Martin? » demandaient-ils en pleurant.

L'apôtre était au service de Dieu depuis quatre-vingt-cinq années. Néammoins il répondit simplement : « Si telle est la volonté de Dieu, je suis prêt à travailler pour Lui tant qu'il me le demandera. »

Dieu fut miséricordieux : un paisible sommeil prépara son serviteur à la mort. Cependant, à son brusque réveil, il eut à subir encore un assaut des démons qu'il avait impitoyablement poursuivis sa vie durant, qui croyaient avoir raison du moribond. Il se redresse alors, priant avec force : « Que cherchez-vous ici, bêtes cruelles? Vous ne trouverez rien en moi qui vous appartienne, je serai reçu dans le sein d'Abraham ! »

Martin était mort : il semblait que la Gaule fût abandonnée. La nouvelle de sa maladie s'était répandue rapidement dans les diocèses voisins. De toutes parts on accourait à Candes, surtout de Poitiers qui voyait un de ses enfants dans le fondateur de Ligugé, et déjà ces pèlerins de régions différentes se disputaient la dépouille de l'apôtre de la paix.

Les habitants de Poitiers viennent de se rendre maîtres par la force du lieu où est déposé le cercueil ; ils montent la garde à la porte pour emporter le corps le lendemain. Mais avant demain, il y a la nuit. Les Pictes défendent la porte, les Turons, à la faveur de l'obscurité, franchissent la fenêtre, descendent la bière à l'aide de cordes, la transportent sur un bateau. Regardez sous la douce nuit de Touraine cette barque qui file sur la Vienne. Nul feu ne l'éclaire, les bateliers gardent un profond silence, la nature elle-même se tait. Par cette embarcation Martin rentre dans sa ville épiscopale.

Je ne parlerai pas des funérailles du saint le plus populaire de l'ancienne France. Son souvenir rayonne sur tout

le moyen âge. De multiples abbayes lui furent consacrées ;
son tombeau, à Tours, devint, dès après sa mort, un des
lieux de pèlerinage les plus fréquentés de France. Auprès
de cette sainte sépulture se retira la reine Clotilde après
le meurtre des enfants de Clodomir ; c'est là que Brunehaut se réfugiera, car le sépulcre de saint Martin a
droit d'asile. Là, saint Odon entendra la voix mystérieuse
qui transformera sa vie, et du page du duc d'Aquitaine
fera le fondateur de Cluny.

Martin est mort, mais la Gaule est désormais chrétienne ; l'Empire va se disloquer, les Barbares vont s'installer sur ses ruines. Pour conserver la Gaule et en faire
la France, Martin a fait de nos paysans des Chrétiens.

DIXIÈME RÉCIT

SAINT HONORAT

« Je vous ai établi pour être la
lumière des nations et le salut que j'envoie aux extrémités de la terre. »

I

La Gaule n'attendait que le signal donné par saint Martin pour devenir une terre de moines et d'évêques
illustres. Après Ligugé et Marmoutier, une abbaye va
surgir, qui jouera un rôle immense pendant les Vᵉ et
VIᵉ siècles, pépinière de savants, d'évêques, de saints, et
qui rayonnera, non seulement sur toute la Gaule, mais
encore sur l'Angleterre et l'Irlande, avec saint Augustin
de Canterbury et saint Patrice.

Aujourd'hui, le voyageur qui regarde distraitement de
son wagon la ligne de la Côte-d'Azur, voit une mer d'un
bleu intense caresser des rochers rouges, où venir mourir
aux pieds de palmiers et d'aloès en quelque princière
villa ; des « palaces » écrasent insolemment la luxuriante
végétation qui les entoure ; une foule cosmopolite inonde
ce coin de France et le transforme en une foire de luxe
et de plaisirs... Mais devant Cannes, cette reine de la
côte, quelques îlots rocheux surgissent des flots, sertis de
pins maritimes tordus par le vent, l'un couronné d'une
ancienne forteresse aux lignes sévères, l'autre cachant aux
indifférents un antique monastère. Ce sont les îles Lérins :
Sainte-Marguerite avec son château, Saint-Honorat et sa
célèbre abbaye.

Au début du Vᵉ siècle, les Barbares déferlaient de toutes
parts sur l'Empire ; Rome était tombée entre les mains

des Wisigoths qui y commettaient les pires atrocités ; de la Ville éternelle fuyaient de tous côtés un monde de prêtres, de laïques, de savants, de nobles, d'artisans, cherchant un refuge en quelque coin de l'ancien monde moins directement menacé ; Saint Jérôme nous a laissé un tableau poignant de l'arrivée en Terre sainte de ces colonies romaines qui s'épandaient sur l'Occident comme sur l'Orient.

En 410, il n'y avait probablement dans la baie lumineuse de Cannes que quelques masures de pêcheurs ; les villes, c'étaient Antibes et Fréjus. Je ne puis vous dire d'où venait une embarcation qui, un jour, ayant cinglé vers ces îles, y déposa quelques passagers, puis s'éloigna. Les voyageurs s'agenouillèrent sur la rive pour prier, et s'enfoncèrent dans l'intérieur. Lérins, jadis florissante et peuplée, était alors un nid de reptiles qui en rendaient le séjour impossible. Le chef de ces hardis pionniers s'appelait Honorat ; ses compagnons et lui, fuyant la marée barbare, venaient chercher en cette solitude la liberté de prier et de travailler.

Honorat était de noble famille consulaire ; sa jeunesse se passa à Constantinople, ville alors toute moderne, luxueuse résidence impériale, capitale politique, religieuse, artistique et littéraire de tout l'Orient, mais aussi métropole du plaisir et de la corruption. Honorat et son frère aîné y reçurent une éducation des plus soignées ; mais tandis que l'aîné, gai, bouillant, ami de la vie et de ses jouissances, se lançait joyeusement dans cette société de Constantinople, changeante et compliquée, que nous dépeint saint Jean Chrysostome, Honorat, plus grave et plus calme, se renfermait en lui-même, étudiait la vie et la règle des Pères du désert. Bientôt, son désir d'aller vivre dans la Thébaïde ne fut plus un mystère pour sa famille. Son père, effrayé de cette vocation d'ascète, mit tout en œuvre pour le détourner de ce projet, et le confia à son aîné. Honorat déserta les riches basiliques, toutes vibrantes encore de la parole de Jean Chrysostome, et fut bientôt entraîné dans un tourbillon mondain : agapes de jeunes gens, luttes athlétiques, réceptions chez de grandes dames passionnées de luxe et de plaisirs, jeux du cirque, courses de chars... Un bateau orné de fleurs, sur lequel jouait un orchestre, promena mollement les deux frères en joyeuse compagnie sur le Bosphore et la Corne d'Or. Honorat vit tout, goûta de tout, alla partout, et ne s'amusa pas ! Bientôt, le frère aîné, impressionné de ce dédain des plaisirs dont il jouissait avec volupté, se laissa gagner par la douce gravité d'Honorat ; peu à peu, il s'éloigna de ce qu'il avait tant aimé... Les vins et la bonne chère furent remplacés par des jeûnes fréquents et l'abstinence ; les diatribes par lesquels des prêtres courtisans flétrissaient Chrysostome, exilé pour avoir déplu à l'impératrice, ne l'attiraient plus ; au lieu de fréquenter le stade et le cirque, il joignit ses prières à celles d'Honorat ; les riches embarcations restèrent amarrées dans la Corne d'Or. Le père redoutait de voir son second fils suivre la voie monastique, et voilà qu'aujourd'hui l'aîné comme le cadet le suppliait de le laisser entrer au couvent !

Après combien de voyages, de fuites, de traverses, de tentatives infructueuses de vie cénobitique, Honorat arriva-t-il enfin aux îles Lérins ? La situation générale de l'Empire au ve siècle était aussi angoissante que celle de l'Europe au plus fort de la Grande Guerre : les Goths dévalaient sur l'Orient et menaçaient l'Italie, les Germains rompaient la digue du Rhin, les Francs commençaient d'apparaître vers la Meuse ; la Bretagne était perdue ; les Wisigoths, maîtres de Rome, envahissaient l'Espagne et l'Aquitaine ; les Vandales détruisaient l'œuvre chrétienne et romaine en Afrique ; dans la lointaine Asie, les Arabes commençaient à s'agiter du côté de la Syrie, les Perses relevaient la tête, et tout là-bas, tout là-bas, les Huns, en Mongolie, faisaient déjà frémir la terre. La Thébaïde, menacée de toutes parts, n'était plus un asile ; dans l'intérieur de l'Empire, ariens, priscilliens, pélasgiens et catholiques s'entredéchiraient.

Où trouver la paix ? Où adorer Dieu ?

Comme jadis saint Martin, Honorat se réfugie dans une île déserte, résigné à toutes les privations, prêt à tous les travaux. Lérins était un fouillis de pins, d'oliviers, d'orangers, d'eucalyptus, d'aloès piquants, d'herbes hautes et folles, où grouillaient les serpents qui se multipliaient avec une rapidité effrayante. Quelques années à peine se sont écoulées ; l'île, toujours luxuriante, est paisible, innocente ; les serpents ont disparu ; les ruisseaux, dégagés des herbes qui les envahissaient, courent, clairs et gais, vers les plages de galets ; des sentiers sont tracés à travers bois ; les arbres sont émondés ; des clairières sont ménagées, où les religieux cultivent quelques légumes ; enfin, un monastère, bien modeste encore, abrite Honorat et ses compagnons.

L'asile de paix attire invinciblement les âmes pieuses éprises de contemplation, les hommes d'âge mûr que la vie a blessés, parfois brisés, les jeunes gens que les horreurs du siècle jettent entre les bras de Dieu, les savants, les intellectuels qui fuient les Barbares, emportant les trésors scientifiques et littéraires de l'antiquité profane comme de l'antiquité chrétienne.

« Bienheureux ceux qui habitent dans votre maison, Seigneur, ils vous loueront dans les siècles des siècles... »

Honorat avait osé faire ce rêve de transformer cet îlot provençal en thébaïde, de voir quelques cénobites mener la vie austère des Antoine, des Pacôme, sous les frondaisons des pins maritimes, des bosquets d'eucalyptus. Et voici qu'une foule se presse autour du fondateur de Lérins, avide d'entendre sa parole, de suivre sa règle de vie... Au lieu de l'implacable nudité du désert d'Égypte, la grâce souriante de la Côte-d'Azur amène inconsciemment une atténuation à l'âpre vie des ascètes. Honorat, doux et attrayant, ouvre les bras aux « fils qui lui viennent de tous pays ». Par l'arrivée en foule des savants qui fuient les Goths d'Italie, le monastère de Lérins devient une école de philosophie et de théologie ; les sciences et

Honorat ouvre les bras aux « fils » qui viennent de tous pays.

les lettres qui s'y sont réfugiées brillent d'un dernier et vif éclat dans le monde romain expirant. Bientôt, de toute la Gaule, les fidèles viendront demander à Honorat les évêques qui doivent les instruire pour les préserver de l'hérésie, les gouverner à la place de l'administration romaine défaillante, les défendre contre les envahisseurs barbares. De Lérins partiront des missionnaires pour les régions lointaines de la Bretagne et de l'Irlande.

« Celui qui sème abondamment récolte abondamment. »

Honorat était heureux, et ses disciples étaient heureux autour de lui: c'étaient ses enfants; il veillait sur leur sommeil, sur leur nourriture, sur leurs travaux; il ne voulait pas que, près de lui, ils eussent des sujets de tristesse : « En lui, écrit son successeur, nous retrouvons non seulement un père, mais toute une famille, toute une patrie, tout un monde. » Le bonheur qu'éprouvait Honorat et qu'il répandait autour de lui, il voulut le faire goûter à ceux qu'il aimait; et de même que nous l'avons vu, dans sa jeunesse, convertir un frère léger et insouciant à la vie religieuse, de même, devenu abbé de Lérins, il amena à lui un de ses parents, devenu célèbre sous le nom de saint Hilaire d'Arles.

Honorat ne devait pas achever son existence dans ce monastère qu'il avait fondé, au milieu de ces disciples accourus vers lui, dans cette île heureuse, *beata illa insula,* qu'il avait fécondée deux fois : d'abord en y détruisant les bêtes venimeuses et en faisant servir aux besoins de l'homme son exubérante végétation; puis en la transformant en un centre intellectuel d'une vie intense qui devait rayonner sur tout l'Occident, jetant une clarté lumineuse sur cette sombre époque des invasions barbares et de la dissolution du monde romain.

La renommée d'Honorat fut bientôt telle que les fidèles d'Arles, la métropole religieuse et artistique de la Provence, *l'enlevèrent,* comme Tours avait enlevé Martin, pour en faire son évêque. C'est dans cette ville qu'il mourut paisiblement en 428.

SAINTE GENEVIÈVE (423-512)
SAINT LOUP
SAINT GERMAIN D'AUXERRE

> « O Dieu, vous m'avez instruite dès
> ma jeunesse, et jusqu'à la vieillesse
> et aux cheveux blancs. »

I

Avec sainte Geneviève, nous allons assister à la fin d'un monde, à l'aurore d'un autre. C'est pendant sa longue vie que s'écroulera définitivement le monde romain, que s'élèvera le royaume franc. On a dit de sainte Geneviève qu'elle fut la dernière sainte gauloise et la première sainte française. Avec elle, Paris entre dans l'histoire, et pourtant Paris ne fut pas son berceau, n'abrita pas son enfance. Si vous descendez la Seine, vous trouvez à peu de distance de notre capitale, le petit bourg de Nanterre. *Nant* est le mot celtique signifiant rivière. On le retrouve dans Nantes, Nantua... et dans les noms de certains torrent des Alpes. Nanterre (temple sur la rivière) était au v⁰ siècle une bourgade sans importance, peuplée de bateliers, de petits cultivateurs. Ses habitants vivaient aussi paisiblement qu'il était possible en une région qui avait été dévastée dix-huit ans auparavant par la plus terrible des invasions barbares. Parmi ces habitants,

Sévère et Gérontia, parents de Geneviève, semblent avoir joui d'une certaine aisance, possédant des terres en plusieurs endroits, élevant des moutons. En l'année 423, il leur naquit une fille qui fut probablement leur unique enfant. Ils la firent immédiatement baptiser à Nanterre, suivant un usage qui commençait à se répandre, alors que, pendant les quatre premiers siècles de l'Église, les catholiques eux-mêmes ne faisaient baptiser leur enfants qu'à l'âge de la jeunesse. La petite fille reçut le nom de Geneviève, et ce nom me plaît parce qu'il est d'origine celtique. J'aime à penser que Geneviève, la dernière sainte de la Gaule ancienne, reçut un nom gaulois ; que la patronne de Paris, la première sainte de la patrie, porta un nom gaulois ; que celle dont la parole fut si puissante s'appela « Bouche de miel ». Elle avait une marraine (et voilà encore une nouveauté pour nous), marraine qui vint de Lutèce où elle habitait, pour tenir sa filleule sur les fonts baptismaux. Elle ne cessa de s'occuper de Geneviève et nous verrons qu'elle joua un rôle décisif dans son existence.

L'enfant grandissait, jouant et courant avec ceux de son âge, dont rien ne la distinguait, si ce n'est sa piété naïve et profonde, son éducation essentiellement religieuse. L'hiver finissait ; déjà primevères et violettes paraissaient dans les prés encore roux. Un soleil timide éveillait les oiseaux dans les haies et les taillis. Les parents pris par les travaux des champs laissaient volontiers les enfants jouer en troupe nombreuse sur les berges de la Seine. A la fin d'une belle après-midi, comme le soleil baissait sur l'horizon, des barques, de ces larges *plates* qui montaient et descendaient sans cesse le fleuve, apparurent dans le lointain. Des bateaux ! Est-il rien de plus intéressant pour des enfants ? Tous se précipitent sur la rive. La flottille ralentit, les mariniers jettent une forte corde sur l'appontement, sautent à terre et arriment les bateaux. Les voyageurs descendent. Grands dieux ! ne sont-ce pas des évêques, ces seigneurs en longues robes, aux insignes sacrées sur leurs mitres? Les enfants intimidés s'écartent légèrement, puis poussés par la curiosité se rapprochent; et Geneviève se trouve au premier rang. Les prélats s'arrêtent à chaque pas pour caresser quelque petite tête, pour sourire à des sourires confiants. Des hommes sont venus à leur tour; ils parlent aux bateliers et, par eux, savent que c'est Germain, évêque d'Auxerre, et Loup, évêque de Troyes qui s'arrêtent à Nanterre.

Qu'étaient donc ces personnages dont le nom était connu si loin? Loup, originaire de Toul, resté veuf de bonne heure, entra au monastère de Lérins, croyant y ensevelir sa vie. Mais en 426, il fut appelé au siège épiscopal de Troyes. Ce que fut son long ministère, vous vous en doutez si vous connaissez un peu l'histoire de France; les dates sont éloquentes : 426 à 479. C'est l'assaut final des Barbares donné au vieil empire, les hérésies qui reprennent de la force à la faveur du désordre; c'est l'invasion des Huns, le dernier empereur, Romulus Augustule, renversé par les Goths; le fils de Mérovée qui fait son apparition au nord de la Gaule. L'épiscopat de saint Loup, comme celui de saint Germain, comme celui de saint Aignan, voit un soleil s'abîmer dans le sang et la corruption, et une étoile, encore pâle et incertaine, se lever sur notre patrie.

Germain était d'Auxerre; il étudia le droit, puis se fit un nom comme chef d'armée. Ardent catholique, il fut l'ami de saint Amateur, évêque d'Auxerre, qui vit bientôt en lui son successeur. Il obtint la radiation de l'officier des cadres de l'armée, le sacra prêtre. Germain devint évêque en 418. Dix ans après, il était appelé en Bretagne pour combattre l'hérésie des Pélasgiens. Impuissants contre elle, les évêques bretons faisaient appel à l'éloquence et au savoir-faire de leurs collègues gaulois. Ceux-ci désignèrent Loup et Germain, dont la renommée était grande, pour se rendre en Bretagne. Pour la première fois, des missionnaire gaulois sont appelés par-delà les mers pour prêcher la foi du Christ. La Gaule est vraiment chrétienne et commence son rôle d'apôtre de l'univers.

Les évêques voyagent ensemble sur quelqu'une des barques qui sillonnent les riviéres de Gaule. Lutèce s'estompe à l'ouest, resserrée dans ses remparts hâtivement élevés après l'invasion de 276 et déjà bien ruinés : trois îles dans la Seine, voilà Paris. Les barques s'y arrêtent, les deux évêques descendent, et entourés du menu peuple, reçus par les magistrats de la cité, pénètrent dans l'enceinte. Germain et Loup ne restent pas longtemps à Paris ; la Bretagne les attend et la route est longue encore qui les conduit vers les hérétiques.

Ils repartent donc par un matin de mars ; une buée épaisse monte de la terre humide, de la Seine au cours sinueux ; des nuées lourdes cachent aux voyageurs le bleu pâle du ciel ; les rives incertaines se dérobent à la vue ; le soleil embrumé s'élève, tout rouge, à l'orient ; saules et roseaux sortent du brouillard comme des spectres. C'est ainsi, ô saint Germain, que commence, dans la brume et l'ignorance de l'avenir, une journée féconde en événements et en enseignements. Quand le soleil plongera, plein de gloire, dans un horizon limpide, une lumière nouvelle aura, par toi, été révélée à la Gaule !

... Geneviève regarde de tous ses yeux : elle a sept ans à peine et jamais encore n'a vu d'évêque. Le seigneur Germain s'arrête soudain, ses yeux pénétrants errent sur les enfants et se posent sur Geneviève qui frissonne d'une émotion inexplicable. Il lui fait signe d'approcher. L'enfant ne comprend pas, ses compagnes la poussent doucement. Éperdue, elle se laisse faire et la voici seule, toute frêle, toute menue dans sa tunique de laine, levant sa tête blonde vers le grand évêque qui la contemple en souriant. Elle ne saisit pas ce qu'il dit, ses oreilles bourdonnent et ce sont des amis qui répondent :

« C'est Geneviève, la fille de Sévère et de Gérontia. »

Ceux-ci, prévenus, ont abandonné leurs travaux et accourent.

« Heureux parents ! s'écrie Germain, d'avoir donné le jour à une si respectable enfant. Beaucoup s'éloigneront du mal, témoins de sa vie et de sa sainte consération pour se convertir au Seigneur. »

Geneviève tremble de tous son corps et cependant elle n'a pas peur ; ses grands yeux innocents soutiennent le regard de l'évêque.

« Ma fille Geneviève...

— Parlez seigneur, votre enfant vous écoute. »

La foule se tait ; les parents attendent, le cœur frémissant. La Seine clapote doucement ; les derniers rayons du soleil dorent la chevelure de Geneviève ; une paix profonde plane sur la campagne.

« Veux-tu te consacrer à la vie religieuse et devenir l'épouse du Christ ? »

L'enfant tressaille de joie, la maturité de l'esprit éclate dans sa voix fraîche.

« Soyez béni, mon père ; vous me demandez mon assentiment pour ce que je désire le plus au monde. Oui, je le veux ! »

Germain regarde Geneviève avec une tendresse toute paternelle :

« Aie confiance, gracieuse enfant, le Seigneur te donnera force et vaillance. »

Le soleil a disparu, une lueur rose flotte encore sur la campagne. Tout est douceur en ce moment béni.

Le soir de mars descendait lentement sur la plaine. La foule interdite suivait les deux évêques qui se rendaient à l'église du village. Geneviève restait blottie contre Germain qui caressait ses cheveux d'un geste protecteur. Les prélats chantèrent les vêpres auxquelles assistèrent Sévère et sa fille, tandis que les villageois s'étaient massés sous le portique d'entrée, tous confondus dans l'obscurité. La flamme vacillante du sanctuaire éclairait seulement deux évêques tout puissants et, entre eux, une petite fille au regard lumineux.

La nuit était tombée quand les voyageurs quittèrent l'église pour aller prendre leur repas au modeste presbytère de Nanterre. Ils avaient retenu près d'eux Sévère et Geneviève. Il était déjà tard quand Germain, pensant à la fatigue de l'enfant, la renvoya près de sa mère, en lui rappelant qu'il voulait la voir au lever du soleil, quand ils s'embarquerait. Avec l'impatience de son âge, remplie d'émotion sous l'influence divine, avant que le jour parût, Geneviève avait entraîné son père au rendez-vous. Remarquons que Gérontia, la mère qui doit élever sa fille, reste dans l'ombre. C'est que la loi et les usages romains prévalent encore en Gaule. Le père de famille personnifie l'autorité, la vie sociale; la mère, enfermée au logis, vaque aux soins domestiques, mais elle a peu de relations avec le monde extérieur. Malgré cet usage, il doit paraître dur à Gérontia de ne pas être au côté de sa fille à ce moment décisif de son existence.

Les *nautes* préparent le départ. Le chargement terminé, les clercs, escorte des évêques, attendent. Loup lui-même s'est embarqué; mais, dans la buée blanche qui monte de la Seine, Germain est encore sur la rive, Geneviève devant lui écoutant avec ardeur ses dernières recommandations. De la barque on n'entend pas les paroles prononcées, mais on voit la petite fille faire le geste du serment en parlant avec animation. Puis l'évêque se baisse, ramasse quelque chose à terre, le présente à Geneviève. Un rayon du soleil levant darde sa lumière et fait briller l'objet : une monnaie de cuivre percée d'un trou, marquée d'une croix. L'enfant la prend et la supend à son cou, puis on voit la main de l'évêque tràcer le signe béni sur la fillette, et un souffle frais apporte jusqu'à la barque cette douce appellation :

« Ma fille, Geneviève. »

Germain se détourne, monte à son tour dans le bateau qui disparaît lentement à l'horizon.

II

Obéissant aux ordres de Dieu, Germain se détournait, pour un temps, de l'enfant qui lui avait été mystérieusement révélée, et courait à la lutte âpre et douloureuse contre l'hérésie. En compagnie de Loup, il quitta bientôt le fleuve pour se diriger vers le nord. Il leur faut monter à cheval, s'entourer d'une escorte sûre et gagner à vive allure la ville d'Amiens. Oh ! cette chaussée de Paris à Boulogne, combien de saints l'ont foulée pour aller au labeur, à la gloire ou au martyre ! Résonnez sous les fers des chevaux, larges dalles antiques ! Les envoyés du Christ volent au devant du danger pour la gloire de son nom sur la voie sacrée parcourue par les Martin, les Quentin, les Firmin...

Loup et Germain sont à Boulogne. Une mer grise, houleuse, sous un ciel que de longues nuées traversent en tempête, les sépare de la Bretagne ; de blanches falaises plongent dans les flots ; quelques arbres tordus ont peine à résister au vent du large. Des bateaux attendent la mission pour la transporter au delà du détroit. Ce ne sont plus les paisibles barques à fond plat que deux ou trois *nautes* dirigeaient sur la douce Seine, mais des embarcations élevées au-dessus des vagues, dont les larges voiles claquent en cherchant le vent, qui se balancent sur les flots écumants, impatientes de partir vers les aventures. Sans doute, cette mer sauvage sous ce ciel sombre ramena la pensée de saint Loup vers la belle Méditerranée qui murmurait devant l'île de Lérins. C'est probablement à Boulogne que les évêques furent rejoints par un parent de saint Martin qui, après s'être fortifié dans la foi à Marmoutier et à Lérins, allait conquérir au Christ un monde nouveau : saint Patrice, apôtre de l'Irlande. Ils sont donc trois saints qui vont ensemble défendre l'orthodoxie.

Les éléments s'acharnent sur eux : une furieuse tempête d'équinoxe assaille le navire, coque de noix sur la mer déchaînée. On cargue les voiles, les mâts craquent, le bateau roule, heurté violemment par chaque lame; neige et pluie aveuglent équipage et passagers, le vent hurle. Les matelots épouvantés se jettent aux genoux des saints : « Intercédez auprès de Dieu, seigneurs, car nous périssons tous ! » Alors Germain, toujours calme et intrépide, fait monter de la cale des outres d'huile et ordonne d'en jeter le contenu à la mer. Une large nappe entoure le navire, apaisant pour un temps la mer démontée, et l'équipage profite de l'accalmie pour cingler vers la Bretagne qui blanchit à l'horizon.

Nous ne suivrons pas Germain dans sa lutte contre les pélasgiens. L'année suivante (430), les malheureux Bretons, déchirés par des luttes intestines, furent en outre assaillis par leurs voisins, les Pictes, unis aux Saxons, venus des bords de l'Elbe. Ce fut pour l'Angleterre le commencement des invasions. Affolés, les Bretons se tournèrent vers ceux qui venaient de défendre leurs intérêts spirituels et leur confièrent leurs intérêts matériels. Devant le danger, l'évêque Germain sent renaître en lui l'officier romain que douze ans d'épiscopat avaient peu à peu fait disparaître. Il reprend l'épée, se met à la tête des troupes bretonnes, les dispose selon la tactique romaine, impose à tous sa confiance et sa volonté. Mais, n'oubliant pas qu'il est un soldat de Dieu, c'est au chant d'un alléluia triomphal qu'il met en déroute Pictes et Saxons.

L'hérésie vaincue en Bretagne, le pays libéré de ses envahisseurs, Germain décide de retourner en son diocèse. Avec saint Loup et saint Brieuc, il se rembarque, traverse, cette fois sans danger, le détroit et retourne en Gaule après plus d'une année d'absence; mais il ne revoit pas alors Nanterre et l'enfant prédestinée. Il est cependant de toute évidence que le saint évêque ne perdait pas Geneviève de vue. Dieu lui avait montré en elle une de ses élues, elle devait souffrir, mais lui devait la fortifier, l'encourager, la défendre.

III

« Sois courageuse et forte, » avait dit Germain.

Depuis le passage de l'évêque, Gérontia sentait que la passion des choses divines, le souvenir des paroles de Germain, occupaient entièrement l'esprit de l'enfant. Elle ressentit une impression de jalousie en voyant qu'elle ne tenait plus la première place dans cette jeune vie, et voulut reprendre des droits qu'elle croyait usurpés ; elle affecta une autorité tyrannique, une humeur difficile. Geneviève en souffrait silencieusement. Peu après les événements que j'ai racontés, l'Église célébrait une fête solennelle. L'enfant se réjouissait de passer de longues heures à l'office : contemplative, elle aimait tout ce qui la rapprochait de Dieu et avait hâte de commencer la vie de piété à laquelle Germain l'avait vouée. Quel ne fut pas son désespoir quand sa mère, d'un ton qui n'admettait pas de réplique, lui enjoignit de garder la maison pendant qu'elle-même serait à l'église. L'enfant éclata en sanglots.

« Ma mère, dit-elle, il faut cependant que je tienne ma promesse faite à Dieu et à l'évêque Germain. Il faut que je sois assidue à l'église pour mériter d'être l'épouse du Christ. »

Ce rappel ne fit qu'irriter davantage la mère ; d'un revers de main, elle envoya un soufflet à l'enfant atterrée. Dieu châtia sévèrement celle qui contrariait les pieuses aspirations de sa fille : Gérontia devint instantanément aveugle. Geneviève, désespérée, s'accusait d'avoir déterminé le châtiment céleste. Pendant vingt et un mois, elle fut la garde-malade, la conductrice inlassable de l'aveugle. Pendant vingt et un mois, elle assura le service de la maison, guidée seulement par les conseils maternels. Gérontia, condamnée à la vie contemplative dont elle avait voulu priver sa fille, rentra peu à peu en elle-même. Elle réfléchit longuement aux paroles de Germain à l'enfant, à la promesse de celle-ci. Elle s'inclina sous la

main qui l'avait frappée et se sentit pardonnée. Geneviève
avait alors neuf ans. Elle assumait une tâche à laquelle de
plus âgées qu'elle n'auraient pas suffi. Parfois bien fati-
guée, elle ne se plaignait jamais.

Un jour, sa mère l'appela : « Geneviève, va prendre le
vase à puiser et hâte-toi de le remplir au puits. » C'était
là une rude besogne pour la fillette. Elle déroula lentement la chaîne. Les parois du puits résonnaient au choc
du vase. Quand elle le sentit rempli, tendant ses forces,
elle le hala ; puis, tous ses muscles raidis, l'apporta à sa
mère. Gérontia se mit en prières et Geneviève, se jetant à
genoux, supplia ardemment le Maître de toutes choses de
rendre la vue à l'aveugle. Faisant le signe de la croix sur
l'eau qu'elle venait de puiser, elle la présenta à sa mère
qui s'en frotta les yeux. L'infirme sentit alors que peu à
peu sa vue revenait. Dieu, après avoir éclairé son âme,
rendait la lumière à son corps.

Tel fut le premier miracle de Geneviève. On voit encore
à Nanterre le puits qui donna l'eau miraculeuse.

Après cette grande lumière, l'historien de la sainte
laisse son enfance dans l'obscurité. Mais la tradition nous
dit qu'elle fut bergère. Beaucoup en ont conclu qu'elle
était pauvre et réduite à se louer pour garder quelques
moutons. La vérité semble être tout autre. Sévère avait
des propriétés dont sa fille hérita plus tard : des champs,
une ferme, du bétail. C'était fort l'usage, dans les campagnes, de donner le bétail à garder aux enfants. Geneviève fit comme ses compagnes, comme fera, mille ans
plus tard, Jeanne d'Arc : elle paissait les brebis de son
père, errant dans les douces campagnes du pays parisien.
Elle priait, elle pensait, elle travaillait aussi, car jamais
Dieu n'a dispensé ses saints du travail terrestre.

Elle arriva ainsi à l'âge de seize ans et pensa, en exécution de sa promesse à Germain, à se consacrer solennellement au Seigneur.

Il n'y avait pas encore de couvents de femmes en Gaule,
ni de règle bien définie pour les religieuses. Celles-ci res-

taient dans leur famille après avoir prononcé leurs vœux et reçu de l'évêque le voile qui était leur signe distinctif. Lorsque Germain avait dit à Geneviève enfant : « Sois de plus en plus assidue à l'église, ne te pare d'aucun bijou, d'aucun vain ornement, fuis les plaisirs du monde, » il lui avait résumé ses obligations de religieuse. La maturité d'esprit de l'enfant autorisa l'évêque de Paris à devancer pour elle l'âge habituel de la prise de voile, qui était vingt-cinq ans. Quand, à seize ans, dans la petite église de Nanterre, elle reçut l'insigne de sa nouvelle vie, nuls ciseaux ne touchèrent sa chevelure, suivant l'usage gaulois. La cérémonie terminée, elle rentra chez ses parents, liée à Dieu pour la vie, mais n'ayant à obéir à aucune supérieure et conservant la libre disposition de ses biens terrestres.

Il semble cependant que Dieu n'attendait que cette consécration pour briser les derniers liens qui l'attachaient ici-bas : elle perdit coup sur coup son père et sa mère. Sa douleur fut immense. Certes, elle n'avait pas trop du Christ pour la soutenir dans cette épreuve qui fut immédiatement suivie d'une autre, moins forte, mais qui meurtrit encore son âme endolorie. Il lui fallut s'expatrier, quitter la maison où elle avait grandi, le jardin qu'elle cultivait, le puits dont l'eau avait guéri sa mère, l'église où Germain l'avait gardée près de lui, le cimetière où reposaient ses parents. Une religieuse de seize ans ne pouvait vivre seule : pour remplacer la mère trop tôt disparue, la marraine était toute désignée. Aussi Geneviève, le cœur gros, les yeux pleins de larmes, mais résolue et confiante en Dieu, s'embarqua-t-elle un matin sur la Seine, le fleuve ami, qui lui, du moins, ne l'abandonnait pas, et remonta vers Lutèce. Combien, au sortir de Nanterre et de ses larges espaces, dut-elle lui paraître étroite et sombre, la Cité aux maisons serrées ! Qu'elle dut lui paraître triste et noire la petite demeure où sa marraine lui ouvrit les bras ! Et pourtant, c'est là que son âme devait s'élever jusqu'à la perfection. Cette bourgade sombre était appelée au plus splendide avenir et Geneviève devait rester dans tous les siècles la protectrice de la ville de lumière.

Elle y entra triste et inconnue et bientôt tomba malade. Sans doute, après son grand chagrin, la transplantation ne lui fut-elle que plus funeste. L'air des champs, les occupations du dehors lui manquaient. Alitée, condamnée à l'inaction, elle sentait davantage ses souffrances. Le mal devint si grave que, pendant trois jours, elle resta sans mouvement, privée de sentiments. Que se passa-t-il en elle pendant ce temps? Elle aurait pu dire avec saint Paul : « Je fus ravie au paradis... est-ce avec mon corps, ou sans mon corps, je ne sais. Et il me fut donné de voir ce qu'il n'est permis à nul homme de contempler. »

Elle raconta simplement qu'un ange l'avait transportée au séjour des bienheureux, et que là, elle avait pu entrevoir quelque chose du bonheur que Dieu réserve à ses élus.

Désormais, Geneviève est armée pour toutes les épreuves de sa longue existence. Pendant les soixante-dix-huit ans qui lui restent à vivre, ni son corps, ni son âme ne connaîtront la défaillance. Dieu qui se complaisait chez cette pure jeune fille, lui accorda le don des miracles et le don de lire dans la pensée d'autrui. A partir de sa guérison, la vie religieuse commence réellement pour la recluse de la Cité. Elle se soumet à une abstinence sévère, ne mange que le jeudi et le dimanche, et avec une sobriété rappelant celle des ermites du désert. Son menu se compose de pain d'orge et de fèves cuites à l'huile. De l'Épiphanie au Jeudi saint, elle se tient enfermée dans sa cellule, uniquement occupée à la contemplation de Dieu. Jamais sa santé, jamais la netteté de son jugement ne souffrirent de ce régime effrayant.

L'austère religieuse ne se doutait guère du grand rôle qu'elle devait jouer en ce dramatique vᶜ siècle. Elle se préparait simplement à mener aussi longtemps que Dieu le voudrait, cette vie cachée de contemplation et de pénitence. N'était-ce pas à cela que Germain l'avait appelée ?

Elle comptait sans la curiosité publique, sans la malignité populaire. Dans la petite ville, les voisins avaient connu l'arrivée de la jeune fille chez sa marraine. Ils s'étonnèrent bientôt du genre de vie qu'elle menait. On jasa. Aux uns, elle fut sympathique, d'autres la tinrent pour *originale*, épithète terrible dans ce milieu. On l'épia, on grossit quelques médisances, la calomnie s'en mêla. Au bout de quelques années, Geneviève, peut-être déjà privée de la protection de sa marraine, n'ignorait pas les bruits qui couraient sur son compte : elle en souffrait silencieusement.

Les hérétiques de Bretagne, à la faveur des troubles de l'Empire, relevaient le front, menaçaient les évêques catholiques. Germain n'hésite pas : il recommence son dangereux voyage.

Le voici, une fois encore, de passage à Paris. Son renom de sainteté, d'intrépidité, le souvenir de sa première mission en Bretagne, l'ont précédé dans l'île aux maisons serrées, si petite, si étroite, dans laquelle sont déjà en germe tous les défauts, toutes les qualités de la population parisienne. Comme jadis à Nanterre, tous s'empressent sur le port où vient d'accoster la barque épiscopale. Germain reçoit avec bonté les marques de respect et d'enthousiasme de la foule et s'enquiert de Geneviève. Il n'ignore pas qu'elle habite maintenant Lutèce, depuis la mort de ses parents. Les Parisiens hésitent à répondre : tous connaissent la jeune fille (Paris est si petit), mais tous ne l'apprécient pas. Sa vie de prière et de contemplation en sa cellule n'a touché qu'un petit nombre de cœurs, et les « on dit » malveillants, sans fondement, sans raison, courent de bouche en bouche. Mais devant l'évêque tous se taisent. Germain insiste :

« Pourquoi ce silence ? Est-il arrivé malheur à ma fille Geneviève ?

— Seigneur évêque, l'appelles-tu toujours ta fille ? Tu veux la revoir ? Hélas ! Tu ne la trouveras peut-être pas

telle que tu penses... La jeune fille n'a pas tenu les promesse de l'enfant. On dit... On a vu... On sait que... »

Les Parisiens baissent la voix maintenant ; les insinuations sournoises arrivent en chuchotement aux oreilles
indignées du prélat. Sa droiture, sa confiance en sa fille
spirituelle se révoltent devant les insinuations imprécises :
il veut voir par lui-même. D'une voix calme qui ne
souffre aucune contradiction, il se fait désigner l'humble
demeure de la religieuse. La foule intimidée le suit par
curiosité, par cet esprit badaud que la population se
transmet de génération en génération, peut-être aussi
dans l'espoir de voir ses calomnies justifiées et l'évêque
obligé d'y croire.

La porte de la maison s'ouvre, Geneviève apparaît sur
le seuil, douce, sereine. Son regard pur, comme celui de
l'enfant de Nanterre, croise le regard pénétrant du saint
visiteur qui entre. La foule se tait soudain et cherche à
voir. Germain s'est incliné devant celle que calomnient
ses concitoyens et l'a saluée de ce nom « ma fille » qu'il
lui avait jadis donné. Il a jeté un rapide coup d'œil dans
la cellule et, s'agenouillant, s'est mis en prières comme
dans un sanctuaire. Les hommes, gênés, cherchent à
s'éloigner ; mais, se relevant, l'évêque les rappelle d'un
geste.

« Habitants de Lutèce, dit-il, voyez cette chambre où
vit une jeune fille distinguée dès l'enfance par Notre-Seigneur. Voyez la place où elle s'agenouille, voyez-la trempée des larmes qu'elle répand dans ses entretiens avec
Dieu. Que vous importent les jeûnes de Geneviève, sa
claustration, ses vœux ? Elle obéit à Dieu, l'écoute et le
prie. Au lieu de la poursuivre de votre malignité, remer-
ciez le Seigneur qui vous a comblés en lui permettant de
vivre parmi vous. Au lieu de médire d'elle, suivez son
exemple et ses conseils. »

La sainte qui, dans sa réclusion, souffrait de l'injuste
hostilité qu'elle devinait autour d'elle, se sentit à tout
jamais fortifiée par les paroles vibrantes qu'elle venait

14

d'entendre. Les Lutéciens, honteux du rôle qu'ils avaient joué, honteux de leur facilité à croire le mal, s'étaient dispersés en silence. La petite chambre étroite et obscure était comme illuminée par la présence des deux saints.

Ce fut leur dernière entrevue ici-bas, mais ils ne devaient pas s'oublier.

IV

Germain avait, pour la deuxième fois, apaisé la Bretagne. Il affrontait encore les fureurs de la Manche pour rentrer dans son diocèse; mais ce n'était pas à Auxerre qu'il devait poursuivre sa tâche.

A peine a-t-il mis le pied sur le sol de la Gaule, qu'une députation d'Armoricains vient à lui. On appelait alors « Armorique » la Bretagne actuelle; le nom de « Bretagne » s'appliquait à l'Angleterre de nos jours. Les Armoricains, très fiers, très indépendants, n'avaient jamais été complètement soumis par les Romains. A la suite d'un soulèvement d'ordre tout politique, Aétius, le général romain qui devait plus tard vaincre Attila, s'apprêtait à marcher contre les perpétuels rebelles. Le Christianisme n'avait encore pénétré que bien faiblement en Armorique et ce furent peut-être des païens, des disciples des druides qui vinrent trouver Germain pour le supplier de servir de médiateur entre les Romains et eux. Mais ils savaient les évêques catholiques partisans de la justice et de la miséricorde. Ils les savaient hardis pour parler à l'empereur, en eux seuls ils avaient confiance. Et parmi eux, Germain d'Auxerre était alors le plus en vue. En quittant les Celtes de Bretagne, qu'il prenne en pitié les Celtes de la Gaule.

Ce ne fut jamais en vain que l'on s'adressa au cœur du grand évêque. Je ne sais s'il se rendit en Armorique, mais il accueillit avec sa bonté coutumière les députés et promit son intervention. Il alla d'abord au plus pressé :

arrêter la marche d'Aétius, retarder les mesures de
rigueur décidées contre les Armoricains. L'autorité de
Germain, son influence, étaient trop grandes pour
qu'Aétius ne s'inclinât pas devant le désir du vieillard. Il
promit un délai et, incontinent, Germain se lança à travers la Gaule barbare, ravagée, infestée d'ariens. D'un
trait, il courut à Ravennes où était l'empereur Valenti-
nien.

Ravennes, aujourd'hui bien petite, bien déchue, fut
pendant deux siècles résidence impériale, puis capitale
des Goths d'Italie. Située sur la mer Adriatique, au sud
de Venise, elle dort maintenant bercée par le souvenir de
sa splendeur d'autrefois, conservant jalousement des trésors artistiques que malheureusement la Grande Guerre
n'a pas laissés intacts. Ce voyage fut le dernier de l'intrépide vieillard, la dernière victoire de l'ancien officier. Il
mit tout en œuvre pour obtenir aux Armoricains une
amnistie complète. Il conquit à leur cause l'évêque saint
Pierre Chrysologue, multiplia les démarches près de l'impératrice Placidia, et gagna son procès. Dieu, après ce
dernier effort, accorda enfin le repos à son serviteur infatigable. Le 31 juillet 448, Germain, évêque d'Auxerre,
entrait dans la gloire du Paradis. Avant de mourir dans
cette lointaine ville de Ravennes, qui regardait vers
l'Orient, il n'oublia pas ses amis de Gaule. Quelques
objets personnels restaient encore à celui qui ne cessait
de se dépouiller pour les autres. Il se souvint de Geneviève, de Geneviève qu'il avait devinée, défendue et tant
aimée. Il remit à son intention un pieux souvenir à son
archidiacre Sédulius.

V

Deux ans et demi passent encore dans le recueillement
et la prière pour Geneviève. A partir de 451, elle appartient non seulement à l'histoire de l'Eglise mais à l'his-

toire de France. 451, c'est l'invasion des Huns! Attila s'avance; il tue, il brûle, il pille et détruit tout sur son passage. Il avance... il avance toujours. La Champagne est à feu et à sang, Paris sent trembler son sol, la Seine charrie le sang, les cadavres que lui apportent ses affluents. Paris se souvient de l'invasion de 406. Non! non! ne pas revivre de telles journées! Ne pas mourir une fois encore! plutôt tout abandonner: villes, richesses, souvenirs, reliques... Fuyons! Brûlons les ponts, que la Seine nous emporte vers le couchant, jusqu'à la mer s'il le faut! Fuyons, fuyons Paris condamné! Du plus humble au plus puissant, du plus saint au plus coupable, tous les hommes sont unanimes : fuyons! Déjà, ils font leurs préparatifs, déjà s'entassent sur les barques les quelques richesses que l'on voudrait sauver.

Une femme parcourt les rues étroites, une femme que, d'habitude, on ne voit qu'à l'église. Geneviève, inspirée, a quitté sa cellule. Dieu lui a révélé qu'à sa prière Paris serait épargné, que le flot barbare se détournerait de la Cité. Et les hommes sont déjà prêts à fuir! Geneviève a rassemblé les femmes autour d'elle; sa voix vibrante leur rappelle les grands dévouements de l'Ancien Testament; elle leur parle de Judith et d'Esther, dont la vaillance sauva Israël. Ce qu'obtinrent des femmes juives, les femmes chrétiennes n'essayeront même pas de l'obtenir? Geneviève a prié et a désormais l'assurance que le danger s'éloigne de Paris. Priez, femmes, priez encore. priez toujours! Relevez vos fronts abattus, séchez vos yeux noyés de larmes : vous êtes en sûreté si vous restez à Lutèce.

A ces paroles entraînantes, les Parisiennes se redressent, se réunissent à l'église Saint-Jean-le-Rond, et, sous la direction de Geneviève font monter vers le Ciel une ardente prière. Plusieurs jours durant, elles renouvellent leurs supplications. Pendant ce temps, les hommes entassent sur les bateaux ce qu'ils ont de plus précieux. Geneviève a convaincu les femmes, maintenant il faut

Ils écoutent méfiants.

gagner les hommes, tâche plus ardue. Accompagnée des
épouses, elle se rend vers le port où les maris préparent
sans relâche la fuite de toute une ville. Elle les appelle,
elle les harangue. Eux, d'abord surpris, s'arrêtent pour
l'écouter. Les rudes mariniers, debout sur leurs embarcations, lèvent la tête vers la sainte femme qui les exhorte
à suspendre leurs préparatifs, à rester dans ce Paris aimé.
Ils écoutent, méfiants. Mais que dit-elle encore? Que, non
seulement les Huns épargneront Paris, qu'ils passeront au
loin, mais que les localités où veulent se réfugier les
Parisiens tomberont sous les coups des envahisseurs.
A-t-elle donc perdu le sens? Elle promet l'assistance du
Christ. Le Christ n'a-t-il pas laissé massacrer les populations de provinces entières? Qu'elle regarde la Seine;
qu'elle regarde les corps mutilés que les eaux entraînent,
chargées de boue et de sang; qu'elle regarde les arbres
coupés, les moissons qui flottent à la dérive, les cadavres
des bestiaux!... Attila et ses hordes ne sont pas loin; ses
sinistres courriers les annoncent. Voyez les corbeaux
croassant dans un ciel qu'éclairent au loin des lueurs
d'incendie. Les Huns, lancés à travers la plaine, se
détourneraient de Paris? et, sur la foi des paroles d'une
dangereuse visionnaire, les habitants de Lutèce subiraient
le massacre ou l'esclavage?

Les mariniers exaltés ont sauté sur les quais, l'injure
à la bouche. Ils entourent Geneviève, que les femmes
n'osent défendre... La colère grise comme l'alcool. Bientôt ils ne se connaissent plus : des poings menaçants se
lèvent, quelques cailloux volent déjà. Et soudain la
fureur folle, aveugle, de la foule ne connaît plus de bornes.
Les cris redoublent : « A l'eau! a l'eau! la misérable! »
Geneviève n'a pas reculé d'un pas; des forcenés s'approchent avec des hurlements furieux, la saisissent... et
soudain reculent tremblants. La sainte voit alors se dresser
devant elle un prêtre, pâle d'indignation. Dans son émoi
elle distingue mal ses paroles, mais les Parisiens, domptés,
baissent la tête, subitement apaisés par la présence de

Sédulius, l'archidiacre du saint évêque Germain, qui a depuis trois ans en dépôt un souvenir du grand prélat pour « sa fille ». Il peut enfin le lui remettre, et Dieu lui a ainsi permis de sauver Geneviève. Germain, par delà la tombe, la protége toujours. « Que Dieu nous pardonne ! » crie la foule repentante.

Les hommes effrayés se dispersent et disparaissent dans le crépuscule. La sainte femme, à genoux, encore frémissante non du danger couru, mais de l'affreuse lutte qu'elle vient de soutenir, remercie Dieu et reçoit de Sédulius le témoignage de l'inaltérable amitié de saint Germain.

VI

L'invasion des Huns : l'antiquité n'avait rien connu de si atroce, et leur chef Attila est resté le symbole de la férocité, de la cruauté froide. On a oublié sa valeur réelle, sa simplicité, son intelligence, j'allais presque dire son génie. Devant l'histoire, comme devant la légende, il est resté le « Fléau de Dieu ».

Ceux qui ont vécu dans l'Est et le Nord les atroces journées de 1914, qui ont vu l'Allemand à l'œuvre ou ont fui éperdus devant lui, ceux-là seuls peuvent se rendre compte de l'épouvante des Gaulois quand les Huns prirent Metz, le Samedi saint 451, l'incendièrent et massacrèrent la population.

Le Samedi saint !... N'est-ce pas le Vendredi saint, pendant l'office, que, quinze cents ans plus tard, des obus allemands crevèrent la voûte de Saint-Gervais ? L'émotion fut la même. Un sacrilège atroce avait été commis pendant la grande semaine !

Poursuivant sa route, Attila s'avance vers la Seine, ravage la Champagne. Pour s'ouvrir le chemin vers le midi, son premier objectif est Orléans. Mais là Aignan a organisé la résistance, a couru en Provence presser les armées romaines, puis en hâte revient défendre sa ville épiscopale. Après un combat sanglant, Attila recule, harcelé par Aétius, chef des Romains et des Barbares établis en Gaule. Continuant sa retraite, le roi des Huns ne s'arrête qu'aux environs de Châlons-sur-Marne où s'engage la mémorable bataille des Champs-Catalauniques. Vaincu, mais encore redoutable comme la bête fauve aux abois, il arrive devant Troyes, la ville de saint Loup.

Les habitants affolés ne savent à quel parti se résoudre. Fuir dans la campagne? Hélas! les champs ravagés de l'immense plaine n'offrent aucun abri. S'enfermer dans la ville? N'est-ce pas s'exposer au sort des habitants de Metz et de tant d'autres cités? Les cris, les gémissements montent dans l'air; les enfants épouvantés s'accrochent à leurs mères; les hommes, les yeux sombres, se réunissent en conseil; les églises sont pleines de suppliants. Dieu entendra-t-il les prières angoissées de ses serviteurs?

Un nom retentit dans la foule : « Loup! allons chez Loup! Que l'évêque nous protège, que le pasteur garde ses brebis! » On se rue vers la maison épiscopale. Elle est vide! Troyes est abandonnée! Loup est parti!

Là-bas, dans la poussière blanche de la route, que voyez-vous du haut des remparts?

Plus de cent mille Barbares ont péri aux Champs-Catalauniques, et pourtant je vois la plaine inondée de hordes féroces; j'entends les hurlements de guerre des Huns, je vois leurs chevaux bondissants, je vois leurs massues, leurs lances; je vois les cadavres foulés aux pieds, les têtes coupées pendues aux selles. Seigneur, secourez-nous! Loup nous a abandonnés, Troyes est perdue. Seigneur! Seigneur!

Que voyez-vous encore du haut des remparts?

Je vois une petite troupe à pied qui se porte au-devant des sauvages envahisseurs. Ce sont des clercs et des moines, je les sens tout tremblants. L'un d'eux, leur chef sans doute, se détache du groupe. Regardez. Je distingue et la mitre et la crosse... C'est l'évêque de Troyes, c'est Loup. Que va-t-il faire? Négocier notre rançon? Livrer des otages?

Loup s'arrête : il est seul, sans armes. Comme fera l'évêque de Lille en 1916, il tient tête au Barbare. Le roi des Huns se dresse devant lui, à cheval. Qu'il est repoussant! Ses yeux bridés reflètent la férocité. Cette grosse tête sur un petit corps trapu, cette peau jaune, cette barbe rare, informe... ah! c'est le démon même, face à face avec notre évêque! Loup est seul. Attila a ses hordes derrière lui. Les Troyens, sur les remparts, tremblent, se cachent la figure dans leurs mains, comme les petits enfants se blottissent dans le sein de leur mère. Vous n'entendez pas les paroles du moine? Pourtant, il parle haut et clair, et après quinze cents ans, elles sonnent encore à nos oreilles :

« Que veux-tu, toi qui te présentes en force devant ma famille, toi qui menaces le troupeau que Dieu m'a confié? Qui donc es-tu? »

Le vieillard se redresse pour parler à l'envahisseur, et le Hun, dans un rictus sauvage, montrant le pays ravagé, les corbeaux croassant sur les cadavres amoncelés, les captifs enchaînés qu'il traîne à sa suite : « Je suis le Fléau de Dieu! Là où mon cheval a passé, l'herbe ne repousse plus. »

Loup tressaille mais ne baisse pas les yeux. L'Empire romain, pourri jusque dans les moelles, a attiré sur lui le châtiment de Dieu, mais les populations gauloises et barbares alliées, plus pures, apaiseront le courroux divin.

Attila, malgré lui, est dominé par la sainteté de son antagoniste Il sent que lui, le conquérant, n'est pas le plus fort; et, tel le fauve devant le dompteur, il s'incline et cède. Il ne mettra pas Troyes à feu et à sang, même pour se venger d'Aétius; il n'entrera pas dans la ville. Miracle plus grand encore : il respectera l'évêque, ne torturera pas le hardi vieillard. Plein de respect pour l'homme de Dieu, lui qui n'adore que son épée fichée en terre, il

« Que veux-tu toi qui te présentes en force devant ma famille? »

voit dans ce saint un protecteur, et l'emmène avec lui jusqu'au Rhin, l'entourant d'égards, s'assurant ainsi du respect des populations qu'il traverse. Puis, par un sentiment chevaleresque inouï dans cette âme féroce, il remet en liberté l'évêque de Troyes sans qu'il lui soit fait aucun mal.

VII

Les Huns avaient passé comme un torrent et s'étaient évanouis en Hongrie. Du nord arrivait maintenant une autre invasion, lente et implacable comme une marée montante : les Francs, implantés jusqu'à la Somme, alliés de ce qui restait de la croulante autorité romaine, les Francs descendaient sans violence jusqu'à la Seine. Leur chef, Childéric, fils de ce Mérovée, qui avait, avec les Romains, vaincu Attila, faisait de fréquents séjours à Paris. Il y était respecté, car l'autorité et le pouvoir romain passaient sans secousses aux mains des Francs. Il vit et connut Geneviève. Après tant d'années passées à prier dans une cellule, la religieuse se trouvait, bien malgré elle, jetée dans une vie agitée, mêlée aux événements politiques, voyageant, servant de lien entre le vieux monde gallo-romain et la nouvelle société franque, païenne et barbare, qui devait régner sur la Gaule. On raconte que Childéric, à demi sauvage et adorateur d'Odin, avait une telle vénération pour la vierge parisienne, qu'il n'osait rien lui refuser. Un jour, le chef franc s'arrêta à Paris avec une troupe de prisonniers qu'il avait résolu de mettre à mort. Geneviève n'était pas dans la ville. Se doutant que si elle venait à connaître la condamnation des malheureux, la religieuse irait jusqu'à la demeure du roi demander leur grâce, Childéric fit soigneusement fermer les portes des remparts. La sainte qui ne comptait plus ses amis, fut prévenue par l'un d'eux de ce qui se passait.

Grand émoi dans la population : la protectrice de Paris renoncera-t-elle à toute intervention? Ou bien essayera-t-elle de fléchir quelque portier et de pénétrer dans l'enceinte? En ce cas, la colère du roi sera terrible; le païen ne gardera aucun ménagement envers la sainte chrétienne.

Insensible au danger, Geneviève s'enveloppe de son voile et se dirige d'un pas rapide vers la Seine, franchit le pont, arrive à la Cité. Le rempart lui barre la route et la porte est hermétiquement close. Sur le chemin de ronde, les curieux, effarés, se demandent comment l'aventure va se terminer. Cette fois, Geneviève sera impuissante. Mais la voici, qui, sans hâte, sans effort, comme si elle rentrait tranquillement en sa demeure, pousse le lourd battant; il s'ouvre de lui-même devant la sainte qui maintenant se presse vers le palais de Childéric. Les témoins de la scène, stupides d'étonnement, ne songent même pas à l'accompagner.

Inutile de vous dire que le roi franc, s'inclinant devant cette manifestation de la puissance du Dieu chrétien, accorda la vie des prisonniers à la gardienne de Paris.

Geneviève était arrivée à l'âge mûr, sa renommée s'étendait au loin; entre la Seine et la Loire, les guérisons miraculeuses se multipliaient à ses prières, à son attouchement. Je vais vous raconter comment elle ressuscita un enfant.

Une pauvre femme avait un petit garçon de quatre ans. Cet enfant, soit en jouant, soit en voulant tirer l'eau du puits, comme il voyait faire à sa mère, perdit l'équilibre et tomba au fond du trou béant. Je crois le voir enfoncer sous l'eau, se débattre, remonter un instant à la surface, chercher à se raccrocher à la chaîne, au mur, puis, à bout de force, disparaître évanoui. Pendant ce temps, la mère le cherche partout dans la maison, chez les voisins. L'entendez-vous appeler, crier de tous côtés? Un jouet oublié par l'enfant la met sur la voie; elle court au puits, se penche sur la margelle... Une tunique d'enfant gonflée paraît à la surface de l'eau. Affolée, la mère appelle au secours, on arrive; mais, hélas! lorsqu'enfin le petit garçon est ramené à terre, trois heures après l'accident, il a cessé de vivre. La pauvre mère, sanglotant, prend le cadavre aux yeux clos, aux lèvres bleuies, aux traits décomposés, aux membres meurtris. Elle se traîne aux genoux de Geneviève, et sans force pour crier, lui tend le corps inanimé.

La protectrice de Paris prend le petit garçon, l'enveloppe de son manteau et ardemment se met en prières. Longtemps elle supplia Dieu de rendre le fils à sa mère, comme il fit jadis pour la veuve de Naïm. Enfin, la chaleur rentra dans les membres glacés, les yeux se rouvrirent, les lèvres s'écartèrent pour respirer, l'enfant était ressuscité.

VIII

Geneviève étant Parisienne, avait une profonde vénération pour saint Denis. Elle avait fait maint pèlerinage au tombeau du saint à Catheuil. Je vous ai dit comment cet apôtre et ses compagnons avaient été inhumés par la païenne Catulle. Un très modeste oratoire avait été élevé sur le tombeau, mais les troubles croissants le laissaient peu à peu tomber en ruines. Geneviève voulut, pour la gloire de saint Denis et de l'Église catholique, qu'une basilique s'élevât en ce lieu. Comment toutefois réunir les fonds nécessaires, les matériaux, les ouvriers, alors que nul n'était sûr du lendemain, que les Barbares païens ou ariens envahissaient la Gaule, que la désorganisation était partout?

Geneviève ne doutait jamais, nous avons pu le voir. Ayant mûri son projet, elle réunit plusieurs prêtres de la ville, et telle était son autorité morale, qu'ils trouvèrent tout simple d'être ainsi convoqués par une femme, et approuvèrent son idée. Mais les difficultés matérielles les arrêtaient. En ce temps-là comme maintenant, il fallait beaucoup d'argent pour construire une église. On avait besoin de fours spéciaux pour faire la chaux sur place à cause de la difficulté des transports. Comment construire ces fours? Les prêtres parlent tous à la fois, puis se taisent avec ensemble sans être arrivés à la moindre conclusion. Geneviève sourit : « Sortez donc, je vous prie, saints ministres de Dieu, et allez vous promener de l'autre côté du pont. Vous reviendrez me dire ce que vous avez entendu. »

Les clercs obéissent. Ils passent le pont. Devant eux, des forêts, des marécages, s'étendent au loin vers le nord. Aujourd'hui s'élèvent en ce lieu l'Hôtel de ville et le Marché aux fleurs.

Ils écoutent, intrigués mais confiants; et voici que passent deux porchers dont la conversation arrive à leurs oreilles : « En suivant les traces d'une laie, dit l'un, j'ai découvert un four à chaux étonnamment grand. — Moi, aussi, répond l'autre; le vent avait déraciné un arbre de la forêt et sous les racines était un four à chaux en parfait état. »

Les paysans s'éloignent en parlant. Les prêtres, stupéfaits, les rappellent, se font donner des indications précises sur le lieu où sont ces fours, puis, pleins d'allégresse, reviennent près de la sainte. Celle-ci, dit-on, pleura de joie. Tout à l'heure, elle ne doutait pas, maintenant elle était sûre. Elle vainquit de même tous les obstacles, recueillit dans le peuple l'argent nécessaire. Les fours retrouvés miraculeusement procurèrent la chaux, les forêts voisines fournirent le bois. Les ouvriers étaient pleins d'ardeur; mais, de tous temps, les maçons ont eu soif. Or, un jour, le prêtre Génésius qui dirigeait les travaux s'aperçut que la boisson manquait. Le maître d'hôtel des noces de Cana n'était pas plus affolé, en allant trouver l'époux, que Génésius en prévenant Geneviève de ce contre-temps. C'est qu'il fallait aller loin pour chercher du vin! Geneviève se sentit pleine de pitié pour ces malheureux qui travaillaient sous le soleil et la poussiére, si pleine de pitié qu'elle ne douta pas un instant que le Ciel ne lui vînt en aide. Elle se fit apporter la cruche vide; puis, ordonnant qu'on la laissât seule, elle se mit en prière. En se relevant, elle fit un signe de croix sur le vase et rappela ouvriers et bûcherons qui accoururent. O merveille! la boisson débordait et ne devait plus tarir tant que dureraient les travaux.

Au milieu des désordres politiques, la basilique de Saint-Denis s'élevait, symbole du catholicisme, dans une Gaule envahie par les païens, dévastée par les ariens. Saint Denis et sainte Geneviève allaient désormais être les protecteurs de la Gaule orthodoxe. La sainte religieuse aimait prier dans la basilique qu'elle avait fait ériger. Elle se rendait souvent, le samedi, dans une maison qu'elle possédait à mi-chemin entre Paris et Catheuil, avec quelques jeunes filles venues s'unir à elle dans la prière et la contemplation et qui formaient une petite communauté. Le dimanche, de grand matin, quelquefois même avant le jour, elles se rendaient toutes ensemble à la nouvelle église. Or, un certain dimanche, la pluie et le vent faisaient rage dans la campagne encore plongée dans l'obscurité, lorsque Geneviève et ses compagnes quittèrent la maison. Une des jeunes filles, pour éclairer le chemin détrempé, à peine tracé, avait allumé un cierge et préservait tant bien que mal la flamme contre le vent. Vous pensez bien qu'une rafale eut tôt fait d'éteindre la lumière vacillante. Voici donc ces femmes seules au milieu de la nuit, battues par la tempête, ruisselantes de pluie. Quelques-unes, effrayées, se lamentent, ne sachant comment se diriger, craignant de tomber dans quelque fondrière, craignant d'être attaquées par quelque rôdeur; mais Geneviève, comme toujours, est sans crainte. Elle demande le cierge éteint, on se le passe en tâtonnant de main en main. Lorsqu'il arrive à celles de la sainte, la mèche se rallume soudain d'elle-même. Marchant d'un pas ferme devant ses compagnes, Geneviève les conduit à

la lueur d'une flamme que nulle tempête ne pouvait
éteindre, jusqu'à la basilique de Saint-Denis. C'est ainsi
que la foi pure et ardente de la sainte femme devait résister à tous les tourments du siècle et guider la Gaule dans
les voies du salut.

Pendant la longue période qui s'étend de l'invasion des
Huns à l'avènement de Clovis (451 à 481), Geneviève fit
de nombreux voyages soit par piété, soit pour tout autre
motif. Nous la voyons en pèlerinage à Orléans au tombeau de saint Aignan, à Tours où celui de saint Martin
attire des pèlerins de tous les pays, à Meaux où elle possédait des terres, à Laon où elle connut saint Remi. Et
c'est par Remi que Geneviève, se dégageant du monde
gallo-romain comme d'un vêtement usé, se rattache au
début des Mérovingiens. Childéric était mort en 481 ; son
fils, le jeune Clovis, avait été proclamé roi à Tournai.
Remi, fils d'un seigneur de Laon, évêque de Reims, sentait qu'il aurait maintes fois affaire au jeune roi païen,
aux Francs vainqueurs des Gallo-Romains. Au lieu de se
détourner de ce chef idolâtre, il alla à lui, salua son avènement, et sut très habilement le traiter en protecteur
du Catholicisme, mais aussi en tout jeune homme dont
l'ardeur et l'inexpérience ont besoin de conseils discrets.
En un mot, il exista entre ces deux chefs si dissemblables
une véritable alliance morale.

IX

Clovis et les Francs, descendant de Belgique, arrivent
lentement vers la Seine ; Laon, Soissons, Reims, leur sont
soumis. Paris redresse la tête et, encouragée par Geneviève, ferme ses portes au vainqueur. Paris et Geneviève
ne veulent pas d'un roi païen, et Clovis, maître de tout
le nord de la Gaule, ne peut se passer de Paris. Cette
ville qui commande la Seine, il ne peut la laisser insou-

mise derrière lui pour marcher plus au sud contre les Wisigoths. Il lui faut le palais de la Cité où résida Childéric, il lui faut le palais de Julien, le palais d'un empereur !

Paris est investie, et Geneviève est l'âme de la résistance. Elle a alors près de soixante-dix ans. Mais ce premier siège ne ressemble en rien à ceux que la capitale subira au cours des siècles. La place est plutôt soumise à une surveillance, à des coups de main plus ou moins fréquents, qu'à un siège en règle. Aussi ne devons-nous pas nous étonner du temps, (près de dix ans) que durèrent ces opérations. Les mariniers, la rage ou cœur, étaient réduits à l'inaction. Les Francs avaient établi des barrages sur la Seine et les routes de terres étaient coupées. Les approvisionnements s'épuisaient ; la famine, l'horrible famine, était aux portes de Paris. Que faire ?

Les assiégés se tournent instinctivement vers leur conseillère, leur guide : « Geneviève, nos greniers sont vides ; il n'y a plus dans Paris ni farine ni viande. Nos femmes et nos enfants meurent de faim. N'auras-tu pas pitié de nous ? Invoque le Seigneur ! Qu'un miracle de toi nous apporte le salut ! »

« Aide-toi, le Ciel t'aidera. » Geneviève ne demande point de miracle. Certes, elle prie ardemment ; mais le miracle, elle l'accomplit par des moyens terrestres. C'est elle qui ravitaille Paris.

Les routes, ai-je dit, sont coupées par les Francs. Geneviève s'adresse aux mariniers. Elle réunit à la Cité un certain nombre de bateaux et s'embarque intrépidement pour aller, à travers mille dangers, chercher du blé en Champagne. La petite flottille remonte lentement le cours du fleuve et réussit à tromper la surveillance des Francs. Maintenant elle vogue librement, mais ne croyez pas que tout péril soit écarté. Regardez cet arbre puissant poussé tout au bord de l'eau, que les glissements de terrains ont incliné chaque année davantage. Ses branches feuillues balayent le fleuve ; les remous de la Seine ont amoncelé là des débris de toutes sortes qui forment un véritable barrage fermant le passage. Les bateaux s'arrêtent. Comment franchir l'obstacle? Les bateliers se tournent avec confiance vers Geneviève. Ils savent bien qu'un jour, une tempête s'étant élevée soudain sur la rivière, la sainte femme étendit les mains en priant et, comme son divin Maître, commanda aux flots qui s'apaisèrent. Geneviève est partie chercher du blé, elle en rapportera. N'a-t-elle pas un jour détourné par ses prières l'orage qui menaçait les champs de Meaux? Elle saura bien encore moissonner pour les Parisiens. Laissons-la prier, et obéissons à ses ordres. Elle se lève et commande : « Approchez-vous doucement de la rive. » La manœuvre n'est pas aisée en raison des remous et des épaves entassées devant le barrage. Mais Geneviève a ordonné, elle sera obéie. « Coupez cet arbre. » Les haches ont vite tranché les branches, mais la souche, les racines sont toujours là, d'autant plus difficiles à entamer qu'il faut travailler dans l'eau. Qu'importe, puisque Geneviève l'a dit...

Les haches font rude et bonne besogne. Le front des bûcherons ruisselle de sueur, cependant rien ne ralentit leur ardeur. Encore un coup et tout sera fini. « Mettons nos embarcations à l'abri, car, en succombant, cet arbre immense emportera tout dans sa colère. » On sent que les racines ne retiennent plus le tronc. Pour la dernière fois, les haches lancent un éclair sous le soleil, l'arbre s'abat, une gerbe d'eau souillée gicle sur les vaillants ouvriers, une vague énorme soulève la flottille. D'un seul trait, arbre, épaves, débris de toutes sortes sont emportés par le courant. Le passage est libre. Mais, voici qu'une horrible odeur fétide, une odeur de pourriture monte de l'eau. A demi asphyxiés les bateliers voient avec épouvante deux êtres étranges, deux monstres blafards, aux yeux vitreux, aux dents menaçantes, qui rejoignent l'arbre maudit, se perdent dans les épaves, plongeant et reparaissant tour à tour, répandant une odeur si infecte, nous dit l'historien de sainte Geneviève,

que les voyageurs en furent incommodés plus de deux
heures.

« C'est le démon lui-même, crient les mariniers en se
prosternant, c'est Satan qui veillait en ce lieu maudit,
qui faisait chavirer les barques, que Geneviève a mis en
déroute. » Peut-être peut-on donner à cette apparition
une explication plus simple? Dans le barrage naturel qui
s'était formé sur la Seine, des cadavres d'animaux avaient
pu être arrêtés, se décomposer lentement puis, entraînés
par la débâcle, disparaître dans le fleuve en dégageant
l'horrible odeur.

Cet incident avait doublé chez les bateliers la force et
la confiance. Conduits par Geneviève, ils arrivent à Mon-
tereau, puis à Romilly. Il faut aller encore plus loin pour
trouver du blé. La flottille quitte la Seine pour l'Aube
qu'elle remonte jusqu'à Arcis. Là, enfin, on fait halte
mais on ne se repose pas : Lutèce est loin et les Parisiens
attendent. Heureusement Geneviève n'est pas inconnue à
Arcis : où n'est-elle pas connue? A peine a-t-elle débarqué,
qu'un des notables la supplie de guérir sa femme, ce
qu'elle fait par la grâce de Dieu. Quant au blé, elle n'eut
qu'à demander pour qu'il en soit aussitôt rassemblé.
Voyant que tout marchait à souhait, l'intrépide septuagé-
naire se rendit par la route de terre jusqu'à Troyes. A
peine la population troyenne connut-elle son approche,
qu'elle se porta en foule au-devant de la sainte femme,
lui présentant des malades à guérir. Et, comme le Christ
son divin Maître, elle ne restait insensible à nulle misère
physique ou morale; elle guérissait par le signe de la
croix, elle consolait les affligés. Elle entra dans Troyes
suivie d'un véritable cortège de miraculés.

Là encore la population alla au-devant de ses désirs et
elle put réunir une grande quantité de vivres qui la suivirent à Romilly, où attendait la flottille.

Geneviève n'avait plus qu'à ramener à Paris sa belle
récolte : c'était la partie la plus délicate de l'entreprise.
Onze bateaux surchargés devaient descendre le fleuve,

déjouer la surveillance des Francs, détruire les barrages qu'ils avaient pu établir, manœuvrer au milieu d'un courant souvent obstrué. Geneviève ne craint rien, elle est à la tête de ses bateliers comme un chef à la tête de son armée. Au début tout va bien ; mais un jour un vent violent fait dévier la file des bateaux du courant, et, en dépit des efforts des mariniers, les envoie s'embarrasser contre les obstacles qui encombrent le lit de la Seine : roseaux, troncs d'arbres, débris de toutes sortes. Déjà les chalands trop lourdement chargés s'inclinent, déjà l'eau les envahit : ils vont couler. Peut-être les hommes se sauveront-ils, mais le blé, le précieux blé de France sera perdu !

Oh ! le blé qui donne le pain, c'est un grain sacré. Le Français donne sa vie pour le blé de France, et ce blé-là, en outre, devait sauver les Parisiens affamés. Aussi nous nous imaginons sans peine les efforts des bateliers pour redresser leurs barques, équilibrer et conserver leur précieux chargement. Hélas ! la catastrophe est imminente ! Tous les yeux se tournent vers Geneviève : les hommes ont fait tout ce qui était en leur pouvoir, à Dieu de les sauver par la sainte qui les guide. Elle, les mains levées au ciel, supplie le Christ de lui venir en aide, prie sans se lasser. Les mariniers épuisés ne la quittent pas des yeux, et voici que les chalands se redressent sans aucun secours visible et reprennent d'eux-mêmes le lit navigable. Le miracle est manifeste. Geneviève se tait, mais le prêtre qui accompagne le convoi et tous les hommes entonnent à pleine voix le cantique : *In exitu*.

Ce fut la dernière alerte de l'audacieuse expédition : les onze bateaux entrèrent dans Paris chargés de blé et la sainte inspirait un tel respect que le déchargement, les distributions purent se faire sans le moindre désordre. Mais tous les besoins n'étaient pas égaux : les riches qui avaient pu acheter, faire des provisions tant qu'il y avait eu des marchandises, avaient moins souffert que les pauvres, obligés de se procurer au jour le jour de quoi ne pas mourir de faim. Aussi ce fut à ces derniers qu'alla toute la sollicitude de Geneviève. Les jeunes religieuses qui formaient avec elle une communauté l'aidaient non seulement dans ses tournées, mais aussi dans la fabrication des pains. Elles finirent par s'étonner de trouver chaque matin dans le four moins de rations qu'elles n'en avaient mis la veille au soir. Ce mystère, l'opposé de la multiplication des pains, s'éclaircit lorsqu'elles rencontrèrent de grand matin dans la rue des misérables portant des galettes encore chaudes et bénissant la sainte protectrice qui venait de les leur remettre.

Comment se termina le siège de Paris par Clovis ? Si extraordinaire que cela puisse nous paraître, les rares historiens de l'époque ne le disent pas. Mais voici ce qu'ils disent, ce que tout le monde, en France, sait ou devrait savoir.

Tandis que les Francs assiégeaient Paris, Remi, évêque de Reims, avait présidé, en 492, au mariage de Clovis, le roi païen, avec Clotilde de Burgondie, princesse catholique. Pendant quatre ans celle-ci avait discrètement mais en vain travaillé à la conversion de son mari. Enfin l'heure était venue ! Clovis, sur le point de succomber à la bataille de Tolbiac (496), avait invoqué le Christ et s'était vu exaucé.

« Dieu de Clotilde, si tu me donnes la victoire, je te promets de me faire baptiser. »

C'est de cette phrase-là que date l'histoire de France.

Je pourrais terminer ici ce volume, car Geneviève ouvrit les portes de Paris au roi des Francs baptisé le 25 décembre 496. Mais vous voudrez savoir la fin de la vie merveilleuse de la sainte.

X

Avec la conversion de Clovis finit le rôle politique de la patronne de Paris. Elle avait soixante-quatorze ans et devait vivre encore quinze ans. Dès 497, Clovis et Clotilde vinrent résider au palais des Thermes. Ils se présentèrent devant la sainte de Lutèce, celle dont les prières avaient écarté les Huns, celle dont l'énergie avait empêché, dix années durant, le roi païen d'entrer dans Paris. Ils se présentèrent, humbles comme devant une aïeule, tremblants comme devant une puissance surhumaine. Et Geneviève les accueillit comme ses enfants, les aima comme les protecteurs du Catholicisme. Quand ses expéditions retenaient Clovis loin de la reine, quand celle-ci tremblait pour son époux, Geneviève passait la Seine et, avec la sollicitude d'une grand'mère, formait peu à peu la première souveraine de France à la sainteté, comme si elle eût pu prévoir les malheurs qui devaient fondre sur elle. Ce fut Geneviève qui obtint du couple royal la construction d'une basilique à l'est du palais des Thermes. Sur l'emplacement de cette église dédiée aux saints Pierre et Paul s'élève aujourd'hui Saint-Étienne-du-Mont.

Geneviève vivait encore à la mort de Clovis et elle pleura avec Clotilde. Ensemble les deux saintes femmes inhumèrent le premier roi chrétien de France dans la basilique encore inachevée.

L'œuvre de la protectrice de Paris était terminée. Elle avait veillé sur la capitale pendant presque tout ce terrible vᵉ siècle, un des plus éprouvés que l'Europe eût connus. Elle avait remis le sort de la Gaule romaine et catholique entre les mains des seuls Barbares qui se fussent convertis au Catholicisme. Elle pouvait partir.

« Geneviève va mourir ! »

Tel est le cri qui retentissait par tout Paris à la fin de décembre 511.

« Geneviève va mourir ! Que deviendrons-nous sans notre mère ? »

Chacun veut, une dernière fois, revoir la vierge presque centenaire, emporter d'elle une bénédiction, une parole, un sourire, un regard.

« Pendant plus de quatre-vingts ans, Geneviève a prié pour nous, prions pour elle. »

Clotilde, veuve depuis cinq semaines, pleure aujourd'hui son amie et Paris pleure avec elle.

Le 3 janvier 512, la flamme ardente de foi et de charité qui animait cette grande âme vacille et s'éteint. La sainte voit se réaliser l'espoir de sa longue vie, le Paradis s'ouvre pour elle. Désormais, c'est du séjour des saints et des anges qu'elle veillera sur sa patrie bien-aimée, tandis que sa dépouille mortelle reposera dans la basilique des saints Pierre et Paul, près du premier roi de France, près du premier roi très chrétien.

TABLE DES MATIÈRES

Fabriqué en France.